待人之道

The Principles of Treating Others

王德成 编著

山東文藝出版社

图书在版编目（CIP）数据

待人之道 / 王德成编著. -- 济南 : 山东文艺出版社, 2025. 5. --(中华传统美德格言集萃丛书).
ISBN 978-7-5329-7330-9

Ⅰ. D648-49

中国国家版本馆 CIP 数据核字第 20255TB585 号

待人之道

DAIREN ZHIDAO

王德成　编著

主管单位　山东出版传媒股份有限公司
出版发行　山东文艺出版社
社　　址　山东省济南市英雄山路 189 号
邮　　编　250002
网　　址　www.sdwypress.com

读者服务　0531-82098776（总编室）
　　　　　　0531-82098775（市场营销部）
电子邮箱　sdwy@sdpress.com.cn

印　　刷　山东新华印务有限公司
开　　本　880 毫米 ×1230 毫米　1/32
印　　张　6.625
字　　数　110 千
版　　次　2025 年 5 月第 1 版
印　　次　2025 年 5 月第 1 次印刷
书　　号　ISBN 978-7-5329-7330-9
定　　价　47.00 元

前言

中华文明源远流长、博大精深，孕育了中华民族宝贵的精神品格，培育了中国人民崇高的价值追求。中华传统美德是中华文化的精髓所在，积淀着中华民族最深层的精神追求，蕴含着中华民族最根本的文化基因，是中华民族生生不息、绵延不绝的道德支撑，也是担负新时代的文化使命、推进文化强国建设的动力之源。

党的十八大以来，习近平总书记高度重视中华传统美德的传承与弘扬，深刻指出中华传统美德是中华文化精髓，蕴含着丰富的思想道德资源，强调要实施公民道德建设工程，弘扬中华传统美德，引导人们向往和追求讲道德、尊道德、守道德的生活。特别是 2013 年 11 月，习近平总书记在曲阜考察时强调，要加强对中华优秀传统文化的挖掘和阐发，努力实现中华传统美德的创造性转化、创新性发展。习近平总书记一系列重要论述和指示批示要求，为新时代新征程赓续中华文脉、传承弘扬中华传统美德指明了前进方向，提供了重要遵循。

山东是中华文明的重要发祥地和儒家思想的发源地，有着丰厚的历史底蕴和宝贵的文化资源，“孟母三迁”“孔融让梨”等许多耳熟能详的美德故事都发生在这里。近年来，山东人民牢记习近平总书记嘱托，充分发挥“人文沃土可以深度耕作”的比较优势，把中华传统美德作为涵育社会主义核心价值观的重要源泉，在传承中创新，在创新中发展，推动全省公民道德素质和社会文明程度达到了一个新高度。

为深入学习贯彻习近平文化思想，贯彻落实习近平总书记对山东工作的重要指示要求，大力弘扬中华传统美德，更好发挥中华传统美德在培养时代新人、涵育时代新风中的重要作用，在山东省委宣传部的指导下，曲阜师范大学组织编撰了“中华传统美德格言集萃丛书”，共分《崇德之道》《做人之道》《做事之道》《待人之道》《持家之道》《爱国之道》《和合之道》七册。格言短小精悍、言简意赅、便于传诵，是讲述、传承、弘扬中华传统美德最通俗、最有效的方式。“天下兴亡，匹夫有责”的爱国之情、“民惟邦本，本固邦宁”的民本精神、“弟子入则孝，出则悌”的孝悌伦理、“言必信，行必果”的诚信之道等思想观念都凝练在中华传统美德格言之中。《中华传统美德格言集萃丛书》萃取朗朗上口、耳熟能详、简练而又寓意深刻的格言编纂而成，在辑选原则上，以“崇德”为统领，将中华传统美德分为“做人、做事、待人、持家、爱国、和合”六个递进主题，每个主题下细分三至五个子目。

为便于读者阅读和理解，本书以《中华经典名著全本全注全译丛书》（中华书局 2011—2023 年版）、《十三经注疏》（中华书局 1980 年版）、《二十四史全译》（汉语大词典出版社 2004 年版）等广受认可的经典名著为依据，对格言中艰涩难懂的字词加以注释，结合典故和案例对全句进行生动解读并引入拓展阅读，既提高了书籍的可读性，又有助于读者更深入地理解格言的内涵和精神、更好地培养良好的道德品质和行为习惯。

千帆一道带风轻，奋楫逐浪天地宽。编写这套普及读物，只是传承弘扬中华优秀传统文化的一种努力。新时代新征程，我们将始终保持礼敬传统、赓续文脉的炽热情怀，踔厉奋发，笃行不怠，努力为文化传承发展事业做出新的更大贡献！

编　者

2025 年 3 月

目录

前言

一　重礼仪

二　守诚信

三　崇正义

四　讲友善

五　乐助人

一 重礼仪

夫礼，天之经❶也，地之义❷也，民之行也。

出处

《左传·昭公二十五年》

注释

❶ 经：常规、法则。

❷ 义：正理，不容置疑和改变的道理。

译文

礼犹如天运行恒常不变的法则，犹如大地滋养万物的正理，是人行为规范的依据。

解读 这句格言凝聚了古人对礼在人类生活中地位和作用的深刻洞见与精辟总结，体现了古人对礼的高度重视和推崇；强调了礼犹如天地间万物运行的根本法则，是不以人的意志为转移的人类生活中不可或缺的准则，是百姓行动的依据。

“天之经”中的“经”，指恒常不变、根本的道理或原则。早在远古时期，人们便开始意识到，天地间万物皆有其内在规律。天象运转有序，四季更迭分明，这便是“天之经”。“夫礼，天之经也”，指礼就像天运行不变的规律一样，是天地间最根本、最重要的法则之一。

将礼比作“地之义”，意在强调礼在人类社会生活中，起着可持续地平衡人际关系的作用，是人们必须坚守的维持社会秩序的根本。人作为天地之间最灵秀的存在，理应效仿天地之道，将这些道理融入日常生活之中，成为行为准则，即“民之行”。

礼，正是天之经纶、地之正道的具体体现，教会人们在复杂多变的世界里找到自己的位置，担当相应的角色和责任。

据《史记·刘敬叔孙通列传》记载，刘邦称帝后废除秦朝严苛的朝廷礼仪制度，与功臣在朝堂上饮酒庆祝。在饮酒争功中，醉酒的不仅大喊大叫，还拔剑乱砍朝堂的柱子，这让刘邦深感不安。后来，在儒者叔孙通的帮助下，刘邦重新建立了一套“仁义礼”

相结合的朝堂礼仪制度。当刘邦再次在朝堂宴请时，群臣遵守礼仪，朝堂秩序井然。刘邦由衷发出“吾乃今日知为皇帝之贵也”的兴叹。礼维护了朝廷的秩序，有利于国家机器的正常运转。

新时代，遵纪守法的理念让人们懂得敬畏自然、尊重他人、维护社会稳定，有利于构建有序的社会。

拓展阅读

春秋时期，郑国的子大叔出访晋国，晋国大夫赵简子向他询问道：“我听说郑国的大夫们常常在朝廷上热烈争论，因此国家治理得非常好，这是真的吗？”子大叔回答说：“我们郑国地域狭小，国力薄弱，如果大家不积极发表意见，国家就会陷入困境。正如天地间的自然规律一样，日月星辰的运行、四季的更迭都是恒定不变的，这是天经地义的事情。同样地，处理国家大事也需要众人各抒己见，才能确保决策的周全与明智。”子大叔将天地规律的不可违背，类比为国家治理中众人议政的重要性与合理性，强调了这种做法的正当性和必然性。通过这一比喻，他深刻揭示了集体智慧对于国家治理的关键作用。后来，“天经地义”这一成语便用来形容那些理所当然、不容置疑的事情，成为流传千古的经典表达。

不学礼，无以立。

出处

《论语·季氏》

译文

不学礼，就无法立身处世。

解读

“不学礼，无以立”，深刻揭示了礼在个人生存发展中的地位和作用。

“不学礼，无以立”中的“礼”有重要的作用和丰富的内容，正如钱逊在《〈论语〉讲义》中所述：“礼是古代中国人一切习俗、行为的准则。在中国古代，人们的一切行为都要用礼来规范。大到天子祭天、祭祖、朝廷议事、诸侯国之间会盟、战争，小到婚丧嫁娶、家庭生活，以至日常生活中坐卧行走、衣食住行、相互交往等，都有一整套礼的规定。用今天的观点来看，礼的内容包括了制度、礼仪、规范、习俗等几个方面。”

由此可知，礼不仅关乎个人的品德修养和德行养成，还影响人与人之间的关系和社会的和谐稳定。一个人如果不学礼、不知礼，难以安身立命。一个懂得礼的人，不仅能赢得他人的尊重，还能为社会的良性运转带来积极的推动作用。

据《战国策》记载，战国时期，中山国的国君宴请国都里的士人，因没有分给大夫司马子期羊羹，司马子期一气之下跑到楚国，劝说楚王攻打中山。中山君在逃亡中，得到两位勇士的保护。中山君询问他们为何要拼死保护自己。两人说是因为多年前他们的父亲饿倒在路边时，被中山君遇到，救了其父一命。中山君听闻后感慨道，因失礼而失国，因施礼而得两义士。

进入现代社会，礼的范围虽然缩小，侧重礼仪方面，但其重要性并未因时代的变迁和社会的转型而减弱。相反，随着社会的进步和全球化的发展，礼仪作为人际交往和社会运转中不可或缺的“润滑剂”，已成为衡量社会文明的重要标志。注重礼节、尊重他人、遵守社会秩序，依然是构建和谐社会不可或缺的元素。

拓展阅读

“不学礼，无以立”，源自孔子与儿子孔鲤之间一段广为流传的经典对话。一天，孔子正站在庭院中，孔鲤路过。见到父亲在场，孔鲤立刻恭敬地低头小步快走，这一动作称为“趋”，以表达对长辈的敬意。孔子注意到孔鲤的行为，温和地叫住他，问道：“你学过诗了吗？”孔鲤诚实地回答：“还没有。”孔子语重心长地说：“不学诗，无以言。”孔鲤听后，立刻转身回去学习诗。又有一天，相似的一幕再次上演。这一次，孔子问孔鲤：“你学过礼了吗？”孔鲤依然坦诚地回答：“没有。”孔子耐心地教导道：“不学礼，无以立。”于是，孔鲤又开始认真学习礼。这个故事成为后世传颂的“过庭之训”。所谓“过庭之训”，意指父亲对子女的谆谆教诲。随着时间的推移，“过庭之训”衍生出了许多雅称，如“过庭训”“孔庭”“鲤庭”“庭礼”“庭训”等，泛指父亲的教导与智慧。唐代文学家王勃在其《黄帝八十一难经·序》中写道：“勃养于慈父之手，每承过庭之训”，其《滕王阁序》也有“他日趋庭，叨陪鲤对”的话，表达了他对父亲的敬重和尊崇之情。

人而不仁[1]，如礼何？人而不仁，如乐何？

出处

《论语·八佾》

注释

1 不仁：指无仁厚之德。

译文

一个人没有仁爱之心，如何对待礼呢？一个人没有仁爱之心，如何对待音乐呢？

解读 这句格言深刻阐述了仁与礼、乐的关系。

“人而不仁，如礼何？”阐述了仁是礼的内在根据，礼是仁的一种外在表现形式。正常情况下，礼与仁应该是统一的，仁的情感和价值，通过人遵守礼制的行为规范表现出来。人遵循礼的规定，正确处理人与人的关系、人与社会的关系，就是有仁德的表现。不具备仁德的人，就容易僭越礼制规范，破坏和谐的人际关系和社会规范。如孔子时代鲁国权臣季氏违背周礼的规定“八佾舞于庭”，对此孔子发出“是可忍也，孰不可忍也？”（《论语·八佾》）的愤慨。

“人而不仁，如乐何？”阐述了仁是乐的内在根据和灵魂。不具备仁德的人，无法理解和欣赏音之美，只能借用乐这种形式烘托氛围、粉饰太平。孔子时代的乐包括音乐、诗歌、舞蹈等艺术形式，是人的情感表达的重要手段。乐的真正价值不在于其美的艺术形式，在于其所传递的仁德等精神。

在孔子看来，礼作为社会秩序和规范的体现，乐作为表达人们思想情感的形式，都只是仁的外在表现；而内在的仁，才是人性的核心和文化的基础，是礼乐的根本所在。

据《论语·宪问》记载，孔子的弟子子路和子贡都认为管仲不仁，因为管仲没有在原来的主人公子纠失败后选择自杀，反而辅佐与公子纠争夺君位的公子小白。孔子则认为，管仲虽没跟随主人殉节，但他帮助齐桓公取得霸主地位，且不用武力联合各诸侯国，保护了中原的和平与安宁。孔子对管仲的评价，正是看到管仲没有拘泥于狭隘的“礼”，而是遵从了“礼”的真正精神与最高原则——仁。

这句格言启示人们：在任何时代，礼乐若失去了仁这一内在核心，便是无用的空壳，无法真正发挥其应有的作用。礼乐唯有以仁为根基，才能焕发其内在的生命力，成为维系社会和谐与秩序的重要力量。

拓展阅读

春秋时期，周朝的礼乐制度逐渐瓦解，社会动荡不安，诸侯纷争不断，道德沦丧。齐桓公打着“尊王攘夷”的旗号，成为春秋五霸之首。然而，他的霸业背后充斥着错综复杂的利益纠葛和激烈的权力争夺，并未真正维护周朝的礼乐制度。随后，晋文公、秦穆公、楚庄王等诸侯纷纷崛起，彼此之间展开了你死我活的激烈争斗。在这个过程中，一些诸侯国为了显示自己的强大，不惜违反礼制，大肆兴兵作乱。许多小国被无情吞并，百姓生活在水深火热之中，饱受战乱之苦。在这样的历史背景下，许多人只注重礼乐的形式，而忽视了其背后的深刻道德内涵。

人无礼则不生[1]，事无礼则不成，国家无礼则不宁。

出处

《荀子·修身》

注释

❶ 生：生存。

译文

人不遵循礼就难以生存，做事没有礼就不能成功，国家没有礼则不得安宁。

解读

“人无礼则不生”，强调了礼对人的生存、发展的重要性。从社交层面来看，不懂礼貌、不尊重他人的人往往容易引起他人的反感，难以建立和谐的人际关系，更难赢得他人的认可、支持和帮助。这些都影响到个人的生存发展和前途命运。

“事无礼则不成”，表达了做事遵循礼仪规范和规则秩序的重要性。在共事交流中，双方需要遵循一定的礼仪，保持尊重和诚信的态度。如果一方毫无礼仪，不尊重或欺骗对方，将难以达成共识，事务合作、进展也难以顺利进行。

“国家无礼则不宁”，则指出礼义对统治集团内部团结、社会稳定的重要性。统治集团内部只有遵循礼义规范，才能上下一心、共谋大业。国家对外交往也需要遵守外交礼义规范，这样才能赢得国际信誉和尊重。国家治理不能随心所欲，也需要有章可循、遵守社会治理准则，这样才能维护社会公平正义，维护民生福祉，实现国家长治久安。

此句格言从个人生存、事业发展、国家治理三个层面，强调了遵从礼的必要性。只有遵守礼，才能营造出和谐的社会风气，促进个人与社会的共同发展。

拓展阅读

战国时期的卫国公子州吁自幼备受宠爱，养成了跋扈的性格，对礼仪规范不屑一顾。成年后，他一心只想夺取君位，凭借武力和阴谋手段弑君篡位。

上位后的州吁变本加厉，肆意妄为。他对朝中大臣呼来喝去，不尊重任何礼仪制度。在外交上，他也毫不遵循邦交礼仪，随意发动战争，侵略邻国。国内百姓因他的无道统治而生活困苦，大臣们也人人自危，国家陷入一片混乱。在这动荡的局势中，有一位名叫石碏的大夫始终坚守礼仪道德。他暗中联合陈国国君，精心设计了一套计策，最终成功擒获了州吁。面对众人，石碏义正词严地痛斥州吁："你身为君主，却无君礼，不尊重臣民，对内扰乱朝纲，对外挑起战端。人无礼则不能保身，事无礼则不能成功，国家无礼则不得安宁。你这样的行为，正是卫国祸乱之源。"

最终，州吁被依法惩处。在经历这场动荡后，石碏等大臣重新整顿朝纲，恢复礼仪制度，卫国才逐渐走向安定。这个故事深刻诠释了"人无礼则不生，事无礼则不成，国家无礼则不宁"这句格言所蕴含的哲理，强调了礼在个人生存、做事以及国家稳定等方面的重要性。

夫人必知礼然后恭敬，恭敬然后尊让❶。

出处

《管子·五辅》

注释

❶ 尊让：尊敬谦让。

译文

人一定要懂得礼以后才能产生恭敬之心，产生恭敬之心以后才能礼让。

解读 “夫人必知礼然后恭敬”指一个人只有先了解并掌握了礼仪规范，才能真正培养出恭敬的态度。“知礼”是前提和基础，涵盖了对社会行为准则和道德规范的领悟。当人们明白在不同场合下应有的行为模式，便会以虔诚而敬重的心态对待人和事。

“恭敬然后尊让”意味着有了恭敬的态度后，人们才会进一步懂得尊重和谦让。在传统的家族聚会中，若能理解并尊重长幼有序的原则，便会在座位安排、发言顺序等方面主动礼让长辈。这一过程体现了由内而外的道德修养，对维护、调节人际关系和社会秩序具有深远意义。

在管子看来，人们必须知礼、懂礼、循礼。这不仅能让人保持对人对事的恭敬之心，更能促使人们懂得敬重和礼让。

最能生动体现这句格言的故事莫过于“将相和”。战国时期，赵国的蔺相如凭借其卓越的外交才能，成功完成了“完璧归赵”和“渑池之会”两项重大外交任务，立下了赫赫战功。因此，他被赵王封为上卿，地位甚至超过了久经沙场的老将廉颇。廉颇自恃战功卓著，对蔺相如感到不满，扬言要羞辱他。蔺相如得知后，并未与廉颇针锋相对，而是尽量回避冲突。他的门客对此十分不解，蔺相如解释道：“秦国之所以不敢轻易侵犯赵国，正是因为有我和廉将军共同守护。如果我们内部纷争不断，必将削弱国家的力量，这是不顾及国家利益的行为。”廉颇听闻蔺相如的肺腑之言，深感愧疚，意识到自己的狭隘与冲动。于是，他袒露上身，背着荆条到蔺相如府上请罪。蔺相如以国家大义为重，展现了他知礼而恭敬、尊让而宽容的高尚品格。廉颇知错能改，表现出了对蔺相如的尊重。二人最终化干戈为玉帛，共同维护了赵国的稳定与团结，成为千古传颂的佳话。

拓展阅读

《管子·五辅》是给当时的执政者提供的施政纲领。文中重点论述了德、义、礼、法、权五项治国举措。

一是体现“德”的六项措施，改善民生、疏导财货流通、改善交通、减税宽刑、救人之急、救济穷困之人；二是体现“义”的七项行为准则，即孝悌慈惠、恭敬忠信、公正友爱、端正克制、勤俭节约、敦厚朴实、和睦协调；三是保证八个方面有“礼”，也就是上下有义、贵贱有分、长幼有等、贫富有度；四是五个不同地位的人即君主、大夫、官长、士、庶各尽其职；五是权衡考虑三方面的因素，即天时、地利、人和。

衣冠不正，则宾者不肃①。进退无仪②，则政令不行。

出处

《管子·形势》

注释

① 肃：恭敬。

② 无仪：不遵守礼仪。

译文

接待客人时衣帽不整齐，客人的态度也就不恭敬。在行动上如果不遵守礼仪，政令就不可能施行。

解读 从这句格言的内容我们可以深刻体会到，仪表和礼节绝非小事，而是关乎待人接物态度、人际关系和谐以及政令有效施行的大问题。

“衣冠不正，则宾者不肃”强调了人际交往中着装打扮整齐、得体的重要性。古代的人际交往中，着装整齐得体不仅被视为对他人的一种基本尊重，更能体现一个人的修养。

“进退无仪，则政令不行”阐述了秩序与规则在工作中的重要性。进退无仪，指行为举止不得体、不合礼仪。政令不行，指政令或决策很难得到有效的执行。在工作中，行为举止同样至关重要。一个人的行为举止往往代表着他的专业素养和可信度。一个举止得体、言行有度的人，不仅能赢得信任，更能为团队树立良好的形象。尤其是在领导岗位上，领导者的行为举止直接影响到政策的推行效果。只有当领导者以身作则，行为举止合礼仪和规则，展现出高度的专业性和责任感，才能让下属心悦诚服地执行政令，确保各项工作顺利进行。

春秋时期，齐景公在宫中宴请各国使者。由于身处熟悉的环境，他一时疏忽，衣冠不整地出来会见宾客。晏婴见状，立刻直言不讳地指出问题：“陛下如此着装会见使者，不仅是对客人的不尊重，更会损害齐国的形象，影响政令的推行。”齐景公听后，意识到自己的失态，立即整理好衣冠，以庄重的仪态重新迎接宾客。这件事不仅让齐景公更加重视礼仪细节，也使齐国的威望逐渐提升。这个故事充分体现了领导者注重礼仪和仪表对于政令实施及对外交往的重要性。

因此，无论是在日常生活还是工作中，人们都应重视仪表和礼节，将其视为提升个人魅力和影响力的重要途径。通过内外兼修，建立良好的人际关系，为社会的和谐稳定贡献一份力量。

拓展阅读

《管子·形势》中的“形势”指事物存在的外部形态和内在发展趋势。本篇探讨事物的形态和趋势之间的规律性，阐发了君主治国安民要遵循规律。本篇还强调了君主要用道德教化来治理国家，认为君主的修养和品德对治国非常重要，君主要以身作则持守正道，才能引领社会规范。

凡人之所以贵于禽兽者，以有礼也。

出处

《晏子春秋·内篇谏上》

译文

人类之所以比禽兽高贵，是因为人懂得并遵守礼仪。

解读 这句格言指明了人与动物的区别就在于人懂礼仪。《晏子春秋》记载，齐景公酷爱饮酒，一次酒兴正浓时，派人驾车邀请晏子前来。晏子身着朝服庄重而至。景公说："我今天很高兴，愿意与先生您共同饮酒，请您免去君臣之礼。"晏子回答道："现在齐国的孩童，凡身高中等以上的，力气都超过我，也胜过您，然而却不敢作乱，就是因为惧怕礼仪。如果君主不讲礼仪，就无法役使下属；如果下属不讲礼仪，就无法侍奉君主，人之所以比禽兽尊贵，就是因为有礼仪。"景公醒悟，恢复了礼仪。这也深刻揭示了人是否懂"礼"与守"礼"，是人之所以成为人的一个重要标志。

"人之所以贵于禽兽"，是从人类的社会性这方面来讲，人类具有动物所不具备的复杂的社会结构和文化体系。人类不像动物一样弱肉强食，人能识别善恶、正义与非正义，并以此来调整、规范自己的行为。人之所以不同于动物，不是天生的，而是因为人类后天接受教育，懂得并遵守礼的规定性，才从野蛮逐步走向文明。

《孟子·滕文公上》中说："饱食、暖衣、逸居而无教，则近于禽兽。"人吃得饱、穿得暖、住得安逸，若不接受教化，就会近似于禽兽了。这说明只有物质的享受，没有精神的教化，人和动物是没有区别的。而礼就是人类精神教化的核心内容，《礼记·曲礼上》中说："鹦鹉能言，不离飞鸟。猩猩能言，不离禽兽。今人而无礼，虽能言，不亦禽兽之心乎？”这说明，人与动物的根本区别不是语言，而是是否遵守礼。“夫礼者，所以定亲疏、决嫌疑、别同异、明是非也”，正是因为有了礼的规定性，才有不同行为规范的角色、地位、名分，如父慈子孝、夫义妇顺、兄友弟恭、君礼臣忠等不同于动物的社会结构和人文关怀。人只有通过礼来约束、规范自身的欲望和行为，才能超越动物。

作为人类，每一个人都应该尊重、珍视和传承礼仪文化，时刻保持对礼仪的敬畏之心，用礼仪规约自己的行为，分清是非善恶，提升道德修养。只有这样，人才能真正体现出人类的文明，与禽兽划清界限。

拓展阅读

《晏子春秋》是一部记载春秋时期齐国政治家晏婴言行的文献典籍，大约成书于战国时期，并非出于一时一人之手，是后人根据有关史料记载和民间传说编辑而成，后经西汉学者刘向整理流传于世。《晏子春秋》中的思想虽比较驳杂，不能简单归于某一家，但总体反映了晏子“尚礼”“爱民”“举贤”“节用”等思想主张。晏子认为，“尚礼”有助于调整统治阶级内部以及统治阶级与被统治阶级之间的关系。他还提出薄赋敛、省徭役、轻刑罚、禁杀戮等“爱民”主张，认为举贤能要不拘一格，反对放纵私欲地追求利益，主张上至公卿大夫下至普通官吏都应节用。

往而不来，非礼也；来而不往，亦非礼也。

出处

《礼记·曲礼上》

译文

施惠于他人而他人不来报答，这是失礼；他人前来施惠而不去报答他人，也是失礼。

解读 这句格言阐述了人与人之间相处交往的原则与礼仪，强调了人们无论平时关系亲疏如何，在礼节上都应讲究相互往来，以相同的礼仪行为对待他人。

“礼尚往来”是礼的规定性，只有人们通过相互交往和以相同的礼节相待，才能展现彼此的关爱和尊重，建立牢固的友谊与良好的人际关系，进而形成友善和谐的社会氛围。

在古人看来，“礼”不仅仅是一种沟通情感的仪式和方法，更是一种维系社会秩序的重要手段。“礼尚往来”并非繁文缛节的客套，而是蕴含着深刻的关爱和尊重精神。

“礼尚往来”体现了古人对“施惠”之情的珍视。于我而言，他人的施惠并不是理所当然的，而是一种善意的赠予，无论恩情深浅，都不可轻慢对待。这不仅是对他人的尊重，也是对自己人格的尊重。

《礼记·檀弓》中记载，孔子前往卫国时，恰逢之前接待过他的卫国宾客馆舍负责人去世，家人正在操办丧事。由于孔子与这位负责人有过交往，按照礼制，他理应进门吊唁并为之哭泣。吊唁完毕后，孔子走到门口，吩咐门外等候的子贡解下拉车的骖马，作为对逝者家人的助丧之礼。子贡对此感到诧异，问道：“对于学生的丧事，您尚且未曾解骖马以为赠礼，如今却为了一个并不十分熟识的馆舍负责人而解下骖马，这礼数似乎有些过重了吧？”孔子答道：“方

才我进去吊唁时，主丧之人见到我，哭得特别哀恸，这是对我表达了深厚情谊。因此，我也感同身受，涕泪交加。既然如此，怎能不有所回赠以表心意呢？你还是按我的话去做吧。”这个故事体现了孔子对“礼尚往来”的深刻理解与践行。

这种“礼尚往来”的精神和原则，不仅强调了人际交往中的平等与尊重，更传递出一种感恩与珍惜的美好情感。它提醒人们在与他人交往时，只有怀着真诚、友善和感恩的心态，才能共同营造一个和谐、融洽的人际关系。

拓展阅读

《礼记·檀弓》分为上下两篇，主要记录了关于丧事的礼节。通篇以故事和对话的形式，展现了儒家对于丧葬礼仪的看法和规定，其中多次提到遵循古人的做法和礼制，体现了儒家对于传统礼制的尊重和继承。《檀弓》强调丧礼的重要性，认为丧礼是表达哀思、尊重逝者和维护社会秩序的重要方式。通过记录关于丧事的礼节，《檀弓》也间接强调了孝道的重要性，要求子女应该尽心尽力地侍奉父母，直至他们去世。《檀弓》中的思想和观点对于中国古代社会的丧葬礼仪和孝道文化产生了深远的影响，至今仍在一些地区和文化传统中有所体现。

人有礼则安❶，无礼则危❷。

出处

《礼记·曲礼上》

注释

❶ 安：安稳有序。

❷ 危：混乱危殆。

译文

人际交往中有礼仪就可以安稳有序，没有礼仪就会混乱危殆。

解读

“人有礼则安”指当一个人遵循礼仪、言行举止得体，尊重他人时，有利于营造一个和谐、安定的环境。自古以来，礼便是为人处世的根本准则。礼不仅是待人接物时的态度和行为规范，更是对他人尊重、谦逊及包容的体现。若每个人都能自觉遵守礼仪，便能更好地与他人相处，获得他人的尊重与认可，避免许多不必要的冲突，整个社会秩序将更加和谐有序。人们也将在社会中赢得尊重与信任，得以平安顺遂地生活。

“无礼则危”指出缺乏礼仪可能带来的负面后果。当一个人不遵守礼仪，言行举止不得体或不尊重他人时，有可能引起别人的反感和误会，导致冲突和矛盾。这种无礼不仅毁坏个人的声誉和形象，还破坏原本和谐的关系，导致社会关系的紧张甚至破裂。在更极端的情况下，人的无礼行为还可能引发暴力事件或社会动荡。

据《史记·楚世家》记载，春秋末期，楚、吴两国边境上的两个采桑女，因争采一棵桑树的桑叶而发生口角，进而引发了两家人的械斗致人伤亡。这一事件逐渐升级，最终导致了两国之间的战争。这场因缺失礼让的小事而起的战争，不仅造成了财产损失和人员伤亡，也加剧了楚吴两国之间的敌对关系。

这句格言启示人们：无论身处庙堂之高还是江湖之远，懂得以礼待人者总能如鱼得水，游刃有余。

反之，无礼之人往往会招致他人的反感与排斥，甚至可能因此陷入困境。以礼待人不仅是个人素质修养的体现，更是构建和谐人际关系的前提与保障。

拓展阅读

《礼记·曲礼上》是《礼记》的开篇之作，关于“曲礼”的内涵历来有不同的观点：

一、郑玄《礼记目录》说：“名曰‘曲礼’者，以其篇记‘五礼’之事。”为本篇内容包含吉、凶、军、宾、嘉五礼之事，故名“曲礼”，此“曲”字有周遍之意。二、陆德明《经典释文·礼记音义》认为“曲礼”是“仪礼”的旧名，委曲详细说礼之事。三、孙希旦《集解》认为“曲礼”之命名，是摘取篇首二字。四、任铭善《礼记目录后案》认为“曲礼”之名得之于《汉书·艺文志》之《曲台后仓》九篇（《儒林传》作《后氏曲台记》），该书是汉代礼学家后仓在汉宫曲台说礼的著作，书已亡佚。任氏认为可能以此书说于曲台，故称之；也可能以其内容多引古说、曲尽礼义，故称之。

《曲礼》篇所述包括吉、凶、军、宾、嘉五礼的相关礼仪，内容繁杂。主要是为人臣、子在日常生活中起居、饮食、应对进退之法，以及在不同场合的言语、容貌、制器、备物、服饰、车旗等规定。因而，郑玄、陆德明之说有其道理。同时，《礼记》全书又不乏以篇首字句题名者，如《曾子问》《文王世子》《郊特牲》《哀公问》等，故孙希旦之说也同样可取。

礼也者，理[1]也。

出处

《礼记·仲尼燕居》

注释

[1] 理：准则、道理。

译文

礼，就是道理。

解读 这句格言深刻揭示了“礼”与“理”之间的紧密联系。这里的“理”，可以理解为一种天然的、符合道德规范的准则和道理，而“礼”则是根据道德、理性要求所制定的各种具体行为规范、制度等。

《说文解字》载：“理，治玉也。”“理”后来引申为条理、道理、义理等。“礼也者，理也”，可以理解为“礼”能对事物加以分门别类，使之条理有序，合于道理。

《礼记·乐记》载：“礼也者，理之不可易者也。”礼是展现事物中不可改变的道理，具有天然合理性。这说明，“礼”是“理”的重要表现形式。

“礼”不仅仅是外在的形式与规范，它深深植根于“理”之中，通过具体的礼仪形式将抽象的道德理念具象化、规范化。尊敬长辈、关爱他人、诚实守信等道德要求，通过问候、让座、守诺等具体行为表现出来，成为人们日常生活中可操作、可遵循的具体规范，使人们能够更好地践行道德规范。

“理”则是“礼”的内在本质依据。人们无论是修身养性、人际交往还是为政治国，都应了解和把握其内在之“理”，依礼而行。

大家耳熟能详的“六尺巷”故事中，正是因为清朝礼部尚书张英深知邻里之间应和睦相处的道理，通过“让他三尺”的礼敬，获得邻里互谅互让的和睦相处，这种礼让不仅体现了“礼也者，理也”的深刻内涵，更是对道理和道德准则的遵循与践行。“让他三尺”的礼敬，既展现张英高尚的品德和卓越的智慧，也为后世留下了一段值得铭记的历史典故。

新时代，我们深刻理解“礼也者，理也”的内涵和价值意义，有利于传承和弘扬优秀的礼仪文化，推动社会的文明进步，构建一个更加和谐、文明的社会环境。

拓展阅读

《礼记·仲尼燕居》主要记载了孔子与弟子子张、子贡、子游讨论礼的内涵、作用、与仁的关系以及实践方法等方面内容。孔子认为，礼是做事的办法，是治理国家、处理事务的准则。礼可以区分长幼、和睦家族、维系朝廷秩序、指导田猎和军事训练等，礼的存在使得宫室、车辆、音乐、饮食等都有了相应的规范和标准。仁是礼的内在核心价值，无论是行郊社、尝禘、馈奠之礼，还是行射乡、食飨之礼，都需要有一颗仁爱之心。

为人子，方少时，亲[1]师友，习礼仪。

出处

《三字经》

注释

[1] 亲：亲近。

译文

作为子女，在年少时，应当亲近良师益友，认真学习礼仪规范。

解读 这句人们耳熟能详的格言旨在教导青少年要亲近良师、结交益友，学习礼仪规范。

“为人子”点明了作为晚辈的身份，强调了其责任和担当；“方少时”则突显了年少时期的特殊性，这个阶段如同一张纯净的白纸，充满无限可能与可塑性。“亲师友”是行为方式，这里的“亲”不仅指亲近，更蕴含着尊敬与信任。良师如同灯塔，在求知的路上为我们指引方向，解答疑惑；益友则是同行者，陪伴我们共同成长，分享喜悦与困难，互相激励，彼此扶持。“习礼仪”是最终目的，“习”即学习，礼仪涵盖了生活中的各种行为准则和道德规范，如尊老爱幼、礼貌待人、诚实守信等。通过学习这些规范，人们可以更好地融入社会，成为有德行、有修养的人。

《宋史·杨时传》中记载，北宋名臣杨时，到洛阳求见大儒程颐时，巧遇程颐坐着打瞌睡。杨时宁愿侍立等候也不打扰程颐的瞌睡，等到程颐醒来时，门外积雪已经一尺多厚了。这个故事便是著名的“程门立雪”，展现了杨时对师长的敬重，更成为后世践行“亲师友，习礼仪”的典范佳话。

这句格言不仅是对年少者的谆谆教诲，更是每个人一生的宝贵指南。它提醒人们珍惜年少时光，选择正确的引路人，不断学习与成长，才能在未来的人生中走得更加稳健，成就更加美好的自己。

拓展阅读

王应麟，宋元之际著名的经史学家、教育家、政治家、文献学家，自幼勤奋好学，18岁中进士，官至礼部尚书兼给事中等职。为人清介耿直，因忤触权臣辞官回乡，从事学问著述二十年，南宋灭亡后，隐居山林不仕。

王应麟治学“汉宋兼采”，以求实致用为宗旨，广涉经史、天文、地理、典章、历算，蔚为一代通儒。其一生著作宏富，总计二十余种七百多卷，涵括经、史、子、集四部。其中，《玉海》《困学纪闻》《汉书艺文志考证》《通鉴答问》《诗地理考》等最受学界推崇，《三字经》相传亦为其所编。作为宋末元初的学术代表及浙东学派史上的学术大宗，王应麟历来受到学者的瞩目，袁桷、黄宗羲、阎若璩、全祖望、钱大昕等人均对王应麟的生平行迹、经史之学及学术渊源做过述论。

或饮食，或坐走，
长者先[1]，幼者后。

出处

清·李毓秀《弟子规》

注释

❶ 先：优先。

译文

不论是吃饭，还是就座、走路，都应该对长辈礼让，让年长者优先，年幼者在后。

解读 这句格言意在教导人们在日常生活的点滴行为中，应遵循长幼有序的礼仪规范。

在饮食方面，晚辈需礼让长辈先动筷享用；入座时，需请长辈先落座；行走时，晚辈不可抢行于长辈之前。这些细节不仅是对长辈的尊重，更体现了传统社会所重视的“长幼有序”的道德观念。

《论语·乡党》记载：“乡人饮酒，杖者出，斯出矣。”孔子参加村里饮酒聚会时，等拄着拐杖的老人都出去了，自己才出去。孔子的这种行为，不仅包含对乡亲们的深情厚谊，更展现了孔子遵守长幼有序之礼，尊敬长者的德行修养。

尊老爱幼、孝老爱亲、长幼有序，是中华民族的传统美德。对长辈的尊重不仅体现在日常生活中的细微之处，更深层次地反映了对生命的敬重与关怀。

孔子的弟子子路，从小家境贫寒，经常以野菜充饥。子路担心父母常吃野菜营养不良，于是不辞劳苦地上山砍柴打猎，再走到百里之外换成米背回家中，寒来暑往从未间断，直至双亲过世。子路“百里负米”的行为，深刻诠释了尊敬长者的美德。

无论身处何方，无论时代如何变化，尊敬长者、长幼有序的原则都是我们共同坚守的价值观。它不仅是一种礼仪规范，更是一种文化传承，提醒我们珍惜和尊重每一代人的智慧与经验，共同构建一个和谐美好的社会。

拓展阅读

李毓秀（1647—1729），自幼聪慧过人，悟性很高，读书过目不忘，他精研《大学》《中庸》，被时人尊称为李夫子。

据相关学者考证，李毓秀在县衙为吏两年，辞职后被曾任侍御的乡贤王奂曾聘请到其故里太平县（今襄汾县）汾城镇西曹路村当教书先生十余年。在其时尚没有规定学生行止标准的情况下，他对学生的穿戴、坐相提出了严厉要求，要求学子必须穿戴整齐，收腹挺胸端坐；对小学、四书、诸经由浅入深，深入浅出，步步按照程朱理学的原本解释。李毓秀根据传统对童蒙的要求，结合自己的教书实践，写成了《训蒙文》，后经贾存仁修订，改名《弟子规》。《弟子规》浅显易懂，文风朴实，在清代教育史上有一定的影响。

国尚礼则国昌[1]，家尚礼则家大，身有礼则身修，心有礼则心泰[2]。

出处

清·颜元《习斋记余》卷一

注释

❶ 昌：兴旺；兴盛。

❷ 泰：平和、安定。

译文

国家崇尚礼就能昌盛，家庭崇尚礼就可兴大业，一个人崇尚礼就可以提升自己的修养，在心中崇尚礼就可以使心灵安泰。

解读

“国尚礼则国昌”中的“礼”不仅代表着规范与秩序，还象征着良好的国际关系等诸多因素。一个遵循礼仪规范的国家，对内能够维持社会秩序井然，人们相互尊重、和谐共处，从而促进经济和文化的健康发展；对外则能树立良好的国家形象，赢得他国尊重，有利于开展外交事务。

“家尚礼则家大”中的“家大”不仅指家族人口的增多，更代表家族的兴旺发达。当家庭崇尚礼时，家庭成员之间尊老爱幼、相互理解包容，家庭氛围融洽和睦，家族凝聚力得以增强，家和万事兴有利于家族事业的发展、传承与血脉的延续。

“身有礼则身修”中的“身有礼”，指人的行为举止符合礼仪规范；“身修”指提升个人的德行修养。一个人遵循礼仪规范的过程，就是磨炼意志、提升德行修养的过程。在社交场合中，懂礼之人懂得如何与人交往，既能尊重他人，又能展现自己高尚的素质。

“心有礼则心泰”则体现了礼仪对个人内心的深远影响。当内心受到礼仪的约束与引导，便会拥有平静、安泰的心态。知礼之人面对各种情况时，能够以平和的心态应对，不会轻易被情绪左右。

古往今来，无数仁人志士以自己的行动深刻诠释了“礼”的真谛，书写了一篇篇动人心弦的篇章。齐桓公对待诸侯极为谦逊有礼，每逢会盟，总是以诚待人，赢得了诸侯的尊敬与支持。汉朝名将霍去病，少年成名却从不恃功自傲。每次出征凯旋，他总是先向朝廷谢恩，然后慰问士兵家属，关心他们的生活起居。战时他与士兵同甘共苦，休憩时亲自传授武艺，因此深得军心。霍去病虽英年早逝，但他的名字和事迹永远镌刻在史册上，成为后世传颂的佳话。无论是齐桓公还是霍去病，他们都以卓越的行动诠释了“礼”的真谛。

总之，礼不仅是人外在的行为规范，更是一种内在的修养和境界。它能让一个国家繁荣昌盛，让一个家庭和睦美满，让一个人修身养性，让一颗心灵宁静致远。

拓展阅读

颜元，明末清初思想家、教育家，颜李（李塨）学派创始人。面对当时的社会动荡和政治腐败，颜元反思当时的理学教育，认为当时理学教育的最大弊病就是脱离国家生活中的实际问题，成为读书追求功名的教育。因此，颜元亲自开设书院，传授其“习行”的修养方式，因材施教。颜元反对为求官位读书，主张学有所用，才是真材。颜元为了推广“经世致用”的理念，培养经邦济世的人才，他主持的漳南书院分设了教育内容不同的文事斋、武备斋、经史斋、艺能斋、理学斋以及帖括斋等六斋，重视天文地理、军事理工等教育，具有文武兼备的特点。在人才的培养方向上，颜元主张培养六艺、天文地理、军事理工、理学等全面发展的通才和具有一技之长的专才。

二　守诚信

无信患作，失援必毙。

出处

《左传·僖公十四年》

译文

不守信用必然引起灾祸，失去援助必然导致灭亡。

解读 这句格言强调了人们遵守诚信和互助之责的重要性。

“无信患作”强调了不守信用带来的消极后果。“无信”指不守信用或背信弃义，“患作”指忧患或祸患。不讲信用的消极后果就是失去信任，带来忧患或灾祸。信用是古往今来的重要社会准则。在古代社会，诚信不仅是德行修养，更是人与人之间、国家与国家之间交往的基础。失去信用会导致信任破裂，从而在遇到困难时，无法得到他人或国家的帮助和支持，最终可能导致事业失败或国家灭亡。所以，无论在何时何地，都应坚守信用原则。

“失援必毙”强调了失去支持或援助必定导致失败灭亡的后果。“失援”指失去合作伙伴的援助或支持，“必毙”指必然失败或灭亡。人与人之间互相援助和支持，是人类相互依存、共同进步的社会准则。人类社会的实践已证明，获得他人支持或援助，更有利于个人生存和发展；失去他人的帮助和支持，面对困难时就会孤立无援，有可能无法摆脱困境、战胜困难。因此，面对困难和挑战时，寻求外部援助和支持更有利于战胜困难。只有遵守社会规则、尊重他人利益的人，才能赢得他人信任，得到他人的援助和支持。

在《左传·僖公十四年》的故事背景中，晋国大夫庆郑对于是否应该援助遭受饥荒的秦国，阐述了

"无信患作，失援必毙"的观点。庆郑认为，如果晋国背弃了对秦国的恩惠，不仅会失去秦国的友谊，还会在其他国家中失去信誉。这样将来晋国遇到困难时，也不会得到其他国家的同情和援助。因此，他主张晋国应该援助秦国，以维护国家间的信用和友好关系。

这句格言不仅适用于国家间的关系，也适用于个人和社会的各个层面。它提醒人们，诚信是立身之本，是社会交往中不可或缺的品质。同时，它也强调了互助合作的重要性，指出在困难面前，只有相互支持，才能共同渡过难关。因此，人们要恪守信用，珍惜他人信任，同时也要寻求并珍惜他人的支持和帮助。

拓展阅读

庆郑是春秋时期晋国的大臣，以刚直不阿、敢于进谏著称。周襄王七年（前645），秦晋爆发韩原之战，晋国战败，晋惠公被俘。在会战的过程中，晋惠公的战车损坏，庆郑因怨恨惠公不听劝谏，见死不救，最终导致战败和国君被俘。惠公被释放后，不思悔改，反而迁怒于庆郑，最终将其杀害。这一事件在《左传》中有详细记载，成为历史上"不守信义、失去援助"的典型案例。晋惠公因背信弃义，失去臣民的信任，最终自食其果。这一事件提醒后人，无论是治国还是为人处世，诚信都是立国、立身之本，失去诚信必将孤立无援，自取灭亡。

信，国之宝也，民之所庇也。

出处

《左传·僖公二十五年》

译文

诚信是国家的宝贵财富，是庇护百姓的东西。

解读 这句格言深刻揭示了信用原则，在国家治理和民众生活中的重要性。

“信，国之宝也”，强调了信用在国家中的地位和作用。诚信被视为治理国家的关键原则之一。国家的信用对内，统治者、领导者要对民众讲信用，取信于民；对外就是要建立国家信用，取信于他国。

对内取信于民众，就能赢得人民的信任和支持，统治者、领导者的执政地位就取得合法性和稳定性。相反，如果君主失信于民，会导致民心涣散，国家动荡，甚至最终导致国家的衰败。孔子认为：“民无信不立。”（《论语·颜渊》）即没有民众的信任，那么国家就难以立足。取信于民才能稳固国家的根基。如商鞅立木取信，兑现承诺，顺利推行新法，从而使秦国逐渐强大起来。周幽王烽火戏诸侯，失信于民，最终导致国家灭亡。只有各级领导者尊重民众利益、维护社会公平正义，带头遵守社会准则，才能取信于民。

一个国家对外取信于他国，是取得他国信任和支持的重要基础。国家间取得彼此信任和支持，有利于创造和平稳定的环境、促进国家间的人员往来和经贸合作，以造福于民众，并繁荣国家经济。一个国家若对外失信，不能取得他国信任和支持，就容易陷入孤立无援的境地。只有国家间彼此尊重他国利益和关切，遵守国家间交往的规则，才能形成彼此间的信任。

“民之所庇也”强调了信用对民众生存和发展的重要性。在个人层面，诚信同样被视为人际交往和社会秩序的基础。一个人的诚信与否，直接影响着与他人的关系，以及他在社会中的地位和作用。历史上，季布一诺千金，其诚信品质受世人赞誉，渡过难关后被汉王朝重用。

时至今日，这句格言仍有警示意义。现代社会中，信息技术的快速发展和社交媒体的普及，使信息传播的速度和范围都更快、更广，随着法律制度的健全，人一旦失去信用，就会被认定为失信人员，在个人生活和发展方面都受到限制，带来很多意想不到的麻烦。所以，在现代社会中，一定要做一个遵纪守法、维护信用体系的公民。

拓展阅读

商鞅立木取信的故事发生在战国时期的秦国。当时，商鞅辅佐秦孝公进行变法图强。然而，新法的推行并非一帆风顺，许多民众对新法持怀疑态度。为了取信于民，商鞅在国都的南门立起一根三丈高的木头，并发布公告：谁能将这根木头搬到北门，就赏赐十金。起初，民众对这一举动感到奇怪，无人敢尝试。商鞅又将赏金提高到五十金，终于有一人勇敢地将木头搬到了北门。商鞅立即兑现承诺，赏赐了五十金。这一举动让民众看到了商鞅的诚信和决心，最终新法得以顺利推行，秦国也由此走向强盛。

诚者，天之道也。思诚者，人之道也。

出处

《孟子·离娄上》

译文

诚是自然的规律，追求诚是做人的根本准则。

解读 这句格言阐述了诚是人之为人的准则。

诚，是真实、客观存在的意思。天指自然，天之道即自然之道、自然规律。自然规律不以人的意志为转移，是客观存在的，无论人是否意识到或是否承认都是实实在在的，真实无妄，没有任何虚假。所以说诚是天之道。

追求真诚、真实是人之道，是为人做事的道理或法则。人为人处世不能弄虚作假，这样才能得到他人的信任和帮助。只有真才实干才能事业有成。明代思想家吕坤总结人类社会经验认为：“实言、实行、实心，无不孚人之理。”（《呻吟语》）说话实在，办事实在，为人实在，没有不使人信服的道理。这说明只有真诚才能打动人、感染人，只有真诚才有影响力和号召力。

《说文解字》中说：“诚，信也。”诚信是中国人的价值追求和核心理念。在历史上，有许多诚信的故事流传至今。北宋名臣鲁宗道就是一个典范。一次，宋真宗紧急召见鲁宗道，派使者到他家中，等了很久，他才从酒店回来。宋真宗责问他为何迟到。鲁宗道谢罪说：“有乡亲远道而来，我家贫，没有像样的杯盘，所以就去酒店招待他。”真宗听后不但未怪罪鲁宗道，而且认为他诚实，可堪大用。

孟子把人的诚和天道的诚相提并论。他认为，真实是上天的准则，追求真实是人类的准则。这种思想

体现了天人合一的哲学观念，即人类的行为应该与自然规律相一致。在自然界中，万物生长皆遵循一定的规律，真实无妄。同样，人类社会也应该追求真实。人类社会的发展已经证明，要实现美好梦想，只有一往无前地实干。

拓展阅读

中国共产党历来提倡做老实人、说老实话、干老实事。做老实人、说老实话、干老实事的“三老”作风成为中国共产党人的优良传统和宝贵精神财富。习近平出席中央党校2008年春季学期第二批进修班暨师资班开学典礼时强调，老实做人、做老实人，是共产党员先进性的内在要求，是领导干部“官德”的外在表现，也是我们党的一贯主张。在2021年春季学期中央党校（国家行政学院）中青年干部培训班开班式上，习近平强调，对党忠诚，是共产党人首要的政治品质。我们党一路走来，经历了无数艰险和磨难，但任何困难都没有压垮我们，任何敌人都没能打倒我们，靠的就是千千万万党员的忠诚。对党忠诚，必须一心一意、一以贯之，必须表里如一、知行合一，任何时候任何情况下都不改其心、不移其志、不毁其节。习近平还强调，要把做老实人、说老实话、干老实事作为人生信条，这样才能真正立得稳、行得远。

忠信，礼之本也。忠信之人，可以学礼。

出处

《礼记·礼器》

译文

忠信是礼的根本。只有具有忠信品质的人，才能够真正学习和理解礼。

解读

《礼记》也称《小戴礼记》或《小戴记》，是西汉礼学家、今文经学的重要开创者戴圣所编的一部孔子后学的著作选集，主要阐发了礼的内涵和价值，被奉为儒家经典之一。

“忠信，礼之本也”强调了忠信的重要性，认为忠信是礼的基石，是人们遵规守矩的前提。

忠信被视为礼的精神基础，是礼得以存在和推行的前提条件。没有忠信，礼仪规范、和谐的人际关系等都不能实现。

“忠信之人，可以学礼”强调，如果一个人没有忠信的品质，即使学习了礼的形式，也无法真正理解和践行礼的精神。忠信之人，其言行一致，内心真诚，能够遵循礼的精神，从而在社会交往中展现出恰当的礼仪和行为。对于忠信这种美德，孔子曾说：“言忠信，行笃敬，虽蛮貊之邦行矣。言不忠信，行不笃敬，虽州里行乎哉？”（《论语·卫灵公》）一个人如果言语忠诚、可信，行为笃厚、恭敬，即使到了蛮夷之地也行得通。相反，如果言语不忠实、行为不厚道，即使在邻里之间也行不通。

忠信在儒家思想中被视为一种必备的道德品质。只有具备了忠信的品质，才能懂得礼的真正内涵价值，才能在社会生活中遵守礼的规范，做到言行一致，赢得他人的尊重和信任，从而实现人际关系的和谐和社会的稳定。历史上有许多忠信之人以实际行动诠释了这一理念。

三国时期的诸葛亮，为了报答刘备的知遇之恩，忠心耿耿地辅佐刘备和刘禅。他一生兢兢业业，为蜀汉政权的建立和巩固鞠躬尽瘁，死而后已。他的忠信之举，成为后世传颂的佳话。

拓展阅读

经学，是研究儒家经典的学问，到了汉代有了今文经学和古文经学之分。汉初刘邦重用儒生叔孙通制定朝廷礼仪，认识到儒家对于天下治理的重要性，并用最高的礼制规格祭祀孔子，所以儒家学问开始活跃起来。但是儒家经书经“秦火”后所存甚少，为了满足需要，儒生就把记诵在心的典籍，用当时流行的隶书再次记录成书，把得以保存、发现的儒家典籍，也用隶书传抄了下来。以这些隶书传抄的经书为研究对象的学问，就是今文经学。古文经学，指以战国时期文字所写的儒家经书为研究对象的学问。汉初相继发现了先秦时期的儒家典籍文献。如景帝时，河间献王刘德用重金从民间购买了部分个人私藏的古文经书；鲁恭王刘余从孔子故宅壁间发现了孔子后裔孔鲋所藏的古文经籍。汉代专门研究这些先秦文字书写的经典的学问就是古文经学。古文经学尊奉周公，视孔子为“述而不作，信而好古”的先师；注重经文的训诂，注重伦理等级规范。今文经学认为《诗经》《尚书》《礼经》《乐经》《周易》和《春秋》等六经都是孔子所作，孔子是托古改制的“素王”；注重阐发经文的微言大义，主张通经致用。

三　崇正义

无偏❶无陂❷，遵王之义。

出处

《尚书·洪范》

注释

❶ 无偏：不偏颇。
❷ 无陂：不邪曲。

译文

没有偏向没有邪曲的行为，遵循王者的法纪和道义。

解读 这句格言阐述了公正无私，才能遵循贤圣之王的法纪和道义。

相传，周武王灭商纣王之后，迎回了商纣王的叔父、商朝重臣箕子，向他询问治国之道。箕子向其传授了治理国家的九类大法。其中，在他所说的“皇极”中，提出了君主应无偏无陂，建立中正之道，以教化民众，树立起自己的权威，维护社会的稳定。

“无偏无陂”指不偏向任何一边，没有不正、邪佞，即正直公正。帝王秉持无偏无陂，意味他能够顺应天道、体察民心，从而做出符合天道和民意的决策，这对于帝王树立良好形象、维护王朝稳定具有重要意义。

“遵王之义”指遵循王者或领导者的正义之道。这里的“王”不仅指具体的君主，也象征着正义、公正的最高权威。在古代社会，君主被视为最高的统治者，这就要求统治者在处理政务时，要秉持公正的态度，去除个人的偏见和私心，遵循正义的规范。

“无偏无陂，遵王之义”这句格言主要强调了公平、无私在治理国家中的重要性。它告诫统治者，要遵循圣王治理之道，远离偏颇不公，以实现社会和谐与稳定。这种思想在中国传统社会中深入人心，如“无偏无党，王道荡荡；无党无偏，王道平平；无反无侧，王道正直”（《尚书·洪范》），孔子也曾说，“君子之于天下也，无适也，无莫也，义之与比”（《论语·里仁》）。儒家认为，不偏之谓中，中者乃天下之

正道，它不仅是对君子的要求之一，也是衡量统治者德行和治国能力的重要标准。

“无偏无陂，遵王之义”告诉人们，传承古圣贤不偏不党的理论，在追求公平公正的同时，也要加强自身道德修养，敢于接受别人监督，以一种公正无私的精神，面对各种诱惑与挑战，为维护公平公正的社会而尽绵薄之力。

拓展阅读

汉武帝的姐姐隆虑公主的儿子昭平君，娶了汉武帝的女儿夷安公主为妻。在隆虑公主去世前，拿出黄金千斤和钱千万，为昭平君预先赎免了死罪，汉武帝答应了她。但是，在隆虑公主去世后，昭平君日益骄纵，醉酒后杀死了夷安公主的主傅，被关入狱，交由廷尉审理。考虑到其特殊身份及其母事前的赎罪，廷尉请示汉武帝，众人也纷纷求情。汉武帝考虑到姐姐老来得子，临终前还把昭平君托付给自己，泪流满面，叹息良久言：“法令者，先帝所造也，用弟故而诬先帝之法，吾何面目入高庙乎！又下负万民。”（《汉书·东方朔传》）意思是说，先帝制定的法令，若因自己姐姐的缘故而去违背的话，不仅死后没有颜面进高祖的祭庙，还会因自己的私心与偏颇对不起天下的百姓。于是，汉武帝忍痛处死了自己的亲外甥兼女婿昭平君。东方朔知道后，给予汉武帝高度评价，认为他如古代圣王一样，“赏不避仇雠，诛不择骨肉”，这是天下老百姓的福气。

君子义以为质，礼以行之。

出处

《论语·卫灵公》

译文

君子以义作为立身之本，用礼加以推行。

解读

格言出自孔子之口："君子义以为质，礼以行之，孙以出之，信以成之。君子哉！"在这里，孔子提出了君子的四条标准，义、礼、逊、信。具体而言，就是以道义作为修身的本质，并以礼制作为载体来运行，通过谦逊来表达，通过诚信来圆满地完成。

"义以为质"中的"义"，指合理正当的行为准则，是君子内在的本质，是一种价值观。强调明辨是非善恶，警示人们在面对各种选择时，"义"是首要的判断标准。

"礼以行之"则强调践行"义"的方式。"礼"是指外在的行为规范，在古代多指传统礼法标准规范，如祭祀之礼、社交礼仪等诸多细节，从广义上来说，是一种行为规范和秩序。君子在确定了"义"的规范标准后，就要使用"礼"这种外在规范去实践，力争做到"非礼勿视，非礼勿听，非礼勿言，非礼勿动"（《论语·颜渊》）。

"夫名以制义，义以出礼"（《左传·桓公二年》），"义"是"礼"的基础和出发点，"礼"是"义"的具体化与形式化，二者相辅相成。"义"为"礼"的制定和践行提供了价值导向和道德基础，而"礼"则有助于将"义"的精神和要求具体化、形式化，使其更容易被人们接受和践行。社会个体通过践行"义"与"礼"，在不断提升道德修养和人格魅力的同时，促进社会和谐稳定与发展。

"君子义以为质，礼以行之"这句话对现代人仍具有重要启示。时刻警示人们，在物欲横流的今天，内心要有"义"，外行要守"礼"，要守住"见得思义"(《论语·季氏》)的底线思维，深谙"不知礼，无以立"的道理，在任何情况下，都能坚持"君子谋道不谋食""君子忧道不忧贫"(《论语·卫灵公》)的原则，加强道德修养，注重礼仪规范，坚持公平正义，做"义"与"礼"完美结合的践行者。

拓展阅读

晋穆侯违义悖礼为儿子起名，引起了师服的非议。古人给孩子起名，往往遵循着复杂的礼节和原则。名字包含着丰富的内容，寄托着美好的愿望。然而晋穆侯给自己的两个儿子分别起名"仇"和"成师"。幸福的婚姻称为"妃"，不幸的婚姻称为"仇"，大夫师服认为，晋穆侯给孩子起这样的名字，日后不乱才怪呢。果不其然，在晋穆侯去世后，太子仇继位为晋文侯。公元前746年，晋文侯去世，其子晋昭侯继位，封其叔叔成师于曲沃地区。晋昭侯这一错误决定，最终将晋国拖入了长达七十多年的内战当中，师服的"兄弟阋于墙"得以验证。

君子行正气，小人行邪气。

出处

《文子·符言》

译文

君子行事时一身正气；小人行事时一身邪气。

解读 这句格言阐明了品德高尚的人和品德低下的人行事风格的不同。

格言出自老子之口，原文是“君子行正气，小人行邪气。内便于性，外合于义，循理而动，不系于物者，正气也。推于滋味，淫于声色，发于喜怒，不顾后患者，邪气也。邪与正相伤，欲与性相害，不可两立，一起一废，故圣人损欲而从性”。老子首先提出君子与小人之别：君子行正气，小人行邪气。然后解释何为正气，何为邪气，最后指出正气与邪气是一种相互对立的关系，欲望和天性也是相互冲突的，它们不能同时存在，一个兴起就意味着另一个消亡。因此，圣人会减损欲望，顺从天性。

“君子行正气”，具体表现在君子内心顺应天性，外在行为符合道义，依据高尚的道德准则和公正的价值观来行事。他们胸怀坦荡，“不以物喜，不以己悲”，不被外物所牵绊；他们待人接物，讲诚信、求诸己、成人之美；在利益面前，“义以为上”，坚持谋道不谋食，视不义之财为浮云。君子行正气，如世间灯塔，引导着人心向善、社会风气好转。

“小人行邪气”，指小人心胸狭窄，缺乏大局观念，孜孜于美味佳肴、声色犬马等个人欲望之中，任喜怒哀乐主导自己的行为，为了达到自己的目的，不惜一切代价，不计任何后果，行事邪僻，违背道义。他们的行径如同阴霾，给周围的人以及社会带来不良的影响。

“君子行正气，小人行邪气”这句话通过对比君子和小人的行为方式，深刻揭示了人的品德与行为之间的关系，凸显出正义和邪恶的差别。古人有言，“近朱者赤，近墨者黑”“善人同处，则日闻嘉训；恶人从游，则日生邪情”，都是在警示我们要亲君子，远小人，只有这样，我们才能一身正气行四方，豪情壮志贯长虹。

拓展阅读

根据《汉书·艺文志》《史记·货殖列传》《太平御览》《文子注》等史料记载，文子姓辛，号曰计然。范蠡师事之。本受业于老子，录其遗言为十二篇。可见，文子是老子的弟子，范蠡的老师。他与孔子是同时代人，年龄比孔子小。他留给世人的著作《文子》，曾被疑为伪书。1973年河北定州八角廊四十号汉墓出土了大批简牍，尽管破坏严重，但经过专家释读，发现此批简牍包含《论语》《儒家者言》《文子》《六韬》等内容。《文子》残简，与今本《文子》相同的内容有6章，还有一些不见于今本的内容，或为《文子》佚文。古本《文子》的出土，证实了《文子》确实是先秦古书。《文子》主要从《老子》的无为、尚虚、贵柔及主在人后的宗旨出发，推阐出一番道家的治世之道。天宝元年（742），唐玄宗诏封文子为“通玄真人”，诏改《文子》为《通玄真经》，与《老子》《庄子》《列子》并列为道教四部经典。

国不以利为利，以义为利也。

出处

《大学·第十章》

译文

治理国家不应该视财货为利益，
而应该将道义作为利益。

解读 这句格言阐明了一个国家只有建立在公平和正义的基础之上，才能够获得更为稳定、长远和全面的发展。

孟献子曰："畜马乘，不察于鸡豚；伐冰之家，不畜牛羊；百乘之家，不畜聚敛之臣；与其有聚敛之臣，宁有盗臣。"孟献子通过对畜马乘、伐冰之家和百乘之家不与民争利的事实，来说明君子宁亡己之财，而不忍伤民之力的道理。上升到国家治理层面，那就是一个国家，不应该以财利作为利益，而应该以道义作为真正的利益，有了道义，国家就能够安定和谐。

在国家治理上，中华民族自古以来就推崇"民惟邦本，本固邦宁"（《尚书·五子之歌》）。从西周"敬德保民"开始，一直到中国共产党执政的百年历程，民心就是最大的政治，这一理念从未改变。事实也证明了"政之所兴，在顺民心；政之所废，在逆民心"（《管子·牧民》）这一亘古不变的真理。而得民心的最关键之处在于"因民之所利而利之"（《论语·尧曰》），只有满足人民最关心、最直接、最现实的利益，真心实意地解决好人民急难愁盼的，才能真正得民心，得到人民的支持。

"国不以利为利，以义为利也"这句话蕴含着丰富的道德启示。对于个人而言，富与贵，是人之所欲，追求富贵本身并没有错，但在利益面前一定要守道德底线，关爱他人、服务社会，做一个有道德有担当之人；对于国家而言，不应仅仅以物质利益或短期利益为追求目标，而应更加重视道义、公正和长远的国家利益。只有这样，才能对内得到人民的支持，对外树立起良好的国际形象，体现大国担当。

拓展阅读

冯谖是孟尝君的门客，被派到封地薛收债，临行前冯谖问孟尝君，债收齐后买些什么回来，孟尝君告之，“视吾家所寡有者”。于是冯谖到薛地后，把该还债的百姓都召集来核对债券契约。全部核对完毕后，冯谖假托孟尝君的命令，将债款赏赐给这些百姓，并当场焚烧了那些债券契约，百姓们非常感激孟尝君。冯谖回到齐国对孟尝君说：“君宫中积珍宝，狗马实外厩，美人充下陈。君家所寡有者以义耳！窃以为君市义。”（《战国策·齐策》）冯谖认为，孟尝君家里非常富有，但在自己的封地却不抚爱百姓，视民如子，还用商贾之道向百姓榨取利益，于是自己就假借孟尝君的命令，债款赏赐给百姓，目的是使孟尝君赢得民心，树立良好的形象和威望。孟尝君并没有认识到冯谖的远见，还有些不悦，但一年后当他被齐王冷落回到薛地时，在离薛地还有不到百里远的地方，就看到百姓们扶老携幼，在路边迎接他。这时，他才真正明白冯谖为他买“义”的远见卓识。

义胜[1]欲则昌，欲胜义则亡。

出处

《六韬·文韬·明传》

注释

[1] 胜：超过，压倒。

译文

正义胜过私欲，国家就能昌盛；
私欲胜过正义，国家就会衰亡。

解读 此格言阐述了正义与欲望对国家兴衰的影响。

周文王去世前将国家大事托付给姜太公，并想知道古代圣贤治国应废弃和推行的各是什么，于是姜太公告之曰："见善而怠，时至而疑，知非而处，此三者道之所止也。柔而静，恭而敬，强而弱，忍而刚，此四者道之所起也。故义胜欲则昌，欲胜义则亡；敬胜怠则吉，怠胜敬则灭。"姜太公指出，见善懈怠不做、时机到来却迟疑不决，知错却泰然处之，这是应废止的。柔和清静，谦恭敬谨，强大却自居弱小，隐忍而实刚强，这四种情况是先圣治国应推行的。最后他强调，正义胜过私欲，国家就能昌盛。私欲胜过正义，国家就会衰亡；敬谨胜过懈怠，国家就能吉祥。懈怠胜过敬谨，国家就会灭亡。姜太公所言，阐明了正义与私欲之间的对立关系，也强调了正义的重要性。

正义与私欲之间的关系，一直被视为道德领域的重要议题。在个人修养方面，突出正义是超越和克制私欲的道德准则，于是有"见利思义""以义制利""以义生利""义然后取"等要求。

在国家治理层面，要民心归顺，首先为政者需要用公心消灭私欲，《尚书·周官》所言"以公灭私，民其允怀"，因此，"政在去私，私不去则公道亡"（《傅子·问政》）的道理，一直是帝王将相执政之要。

今天，中国共产党在国家治理上，秉承维护公平正义的优秀传统理念，正以雷霆万钧之势深入推进的反腐败斗争，旨在深刻警醒广大党员干部，务必划清正义与私欲之间的界限，用公心消灭私欲。

这句格言不仅对于国家治理上有警示意义，对于人们的德行修养也有着重要指导意义。当人们在决策和行动中秉承正义理念时，就不会被私欲所驾驭，避免损人利己的事发生，从而赢得他人的尊重、认可和支持。人一旦被私欲所驱使，容易做出自私的选择，可能损害他人的利益，破坏与他人和谐的人际关系，容易被人们唾弃和疏远，不利于个人成长和发展。这句格言提醒人们一定要心怀正义理念，才能不被私欲所迷惑，做出有益的选择，以利于个人和社会的进步。

拓展阅读

《太公六韬》又称《太公兵法》或《六韬》，假托太公吕望所撰，实则是成书于战国中晚期的一部道家兵书，集先秦军事思想之大成，对后世的军事理论和实践产生了深远影响，但具体作者却不可考。全书共由《文韬》《武韬》《龙韬》《虎韬》《豹韬》和《犬韬》六卷构成，以姜太公与文王、武王对话的形式，讲论了有关君王治国治道、军事组织与训练、将帅选拔、士兵训练、战术及特殊地形与条件下的作战策略等，也蕴含着丰富的民本主义、经济思想等，为后世提供了重要的借鉴和启示。目前，《六韬》约有 20 多个版本，主要版本有银雀山竹简本、唐代敦煌写本、唐代魏徵等编的《群书治要》本及《四库全书》本等。

万事莫贵于义。

出处

《墨子·贵义》

译文

世间所有的事情，没有比正义更珍贵的了。

解读 这句格言阐述了做人要以“义”为根本，不可做损人不利己的不义之事。

子墨子曰：“万事莫贵于义。今谓人曰：‘予子冠履，而断子之手足，子为之乎？’必不为，何故？则冠履不若手足之贵也。又曰：‘予子天下而杀子之身，子为之乎？’必不为，何故？则天下不若身之贵也。争一言以相杀，是贵义于其身也。故曰，万事莫贵于义也。”

墨子用两个设问：给你帽子和鞋子索取你的手足、给你天下而索取你的生命，你必然会选择手足和生命，说明手足与生命更可贵。但在正义面前，一切事物包括个体的生命都是渺小的，因为只有正义，才是人们选择的最高的道德准则。

“万事莫贵于义”，其中的义可以理解为正义、道义、公正合理的行为准则和道德观念。“义”在中国传统道德体系中占据着举足轻重的地位，它与“仁”“礼”“智”“信”构成的“五常”，不仅是个人道德修养标准，也是社会秩序得以维持的关键，有“义者制事之本”（《论语集注·卫灵公》）之说。

“君子义以为上”（《论语·阳货》），君子所做出的一切选择都会以义做标准；坚守“义”，则能够让人保持正直、公正，成为社会的道德楷模。

面对利益，君子会说：“不义而富且贵，于我如浮云。”（《论语·述而》）；坚守“义”就是自我完善、成长的过程。在面对诱惑、挑战时，不被私欲所迷惑；为了正义，君子会大义凛然地说："君子以义死难，视死如归，生而辱不如死而荣。"

君子应该秉持公平正义的原则，不惜生命以维护社会的公平与正义。"唯义之所在，虽死无所恨。"(《史记·范雎蔡泽列传》）面对困难和挑战时，君子不逃避，应该勇于担当责任。"君子义以为上"，是古代圣贤的豪情壮志，更是一代代中国人延续的精神理念。

这种精神，是对正义的坚定追求，是无惧困难的勇气，是舍己为人的情操，是在义与利之间博弈的清醒。在奋进新时代的今天，我们要以先辈们为榜样，坚持"义"以为上，续写中华民族辉煌篇章。

拓展阅读

李剑英，生前为兰州空军某部飞行员。2006 年 11 月 14 日，他驾驶歼 –7G 战斗机执行完任务，在返航至高度 194 米、离机场跑道头 2900 米时，不幸遭遇一群信鸽撞击，发动机空中停车。当时飞机上有 800 多升航空油、120 余发航空炮弹、1 发火箭弹、助燃的氧气瓶等物品，飞机下方则是人口密集的村庄。如果他弃机跳伞，可保全生命，但飞机失去控制坠入村庄，后果不堪设想。在生死攸关的 16 秒里，李剑英毅然选择了成功率很小的迫降，因飞机解体起火爆炸，以身殉职。事发地周围的群众深深地为这个优秀的河南青年而感动，自发地到烈士殉难的地方为烈士祭奠。空军党委为李剑英追授"空军功勋飞行人员金质荣誉奖章"。

举公义，辟[1]私怨。

出处

《墨子·尚贤上》

注释

[1] 辟：去除，避免。

译文

践行公平正义，去除私怨。

解读 这句格言强调了为人处世要公私分明。“故官无常贵，而民无终贱。有能则举之，无能则下之。举公义，辟私怨，此若言之谓也。”墨子认为，官职和社会地位并非固定不变，把那些贤能之人选拔出来委以重任，罢免那些无德无能之人，避开个人恩怨，公平公正地选拔人才，是赢得民心和社会稳定发展的必然选择。这是墨子通过深刻思考人才选拔在国家治理的重要性后得出的结论。

“举公义”中的“公义”指公正无私的道义，是符合道德和正义的理念，强调的是在处理公共事务时要以公利为重，公正、公平、正义地待人接物，消除个人私利与偏见，尤其是在举荐或选拔人才时，要德才并举。

“辟私怨”强调要避免、排除个人的恩怨或偏见，它强调个人情感不应干扰公正的判断与决策。如果在处理公共事务时，夹杂个人情绪，必然引发偏见和不公，难以确保决策的客观性和公正性，不仅引发民心不满，还有可能招致更大混乱。从《尚书》“以公灭私，民其允怀”开始，“不因喜以赏，不因怒以诛”（《说苑·政理》），时刻在提醒着统治者，控制自己的情绪，避免“喜以赏，怒以杀，怨乃起，令乃废”（《管子·版法》）这种混乱局面的出现。

时至今日，对于各级领导者而言，牢记古圣贤“举公义，辟私怨”的劝诫，在选用人才时，避免各种人情世故的干扰，坚持“举直错诸枉”（《论语·为政》），奋力构建人尽其才、才尽其用、用有所成的人才工作大格局具有现实意义。

这句格言不仅对于选拔人才具有启示意义，对于我们今天的为人处世同样具有重要的指导意义。只有人们秉承公平正义的理念，谈人论事才能摆脱个人喜好、主观偏见的干扰，实事求是得出正确的结论，以维护正常的人际关系和工作关系。

拓展阅读

春秋时期，管仲辅佐齐公子纠由鲁归齐为君，为阻止由莒国返齐的公子小白，“射中小白带钩”（《史记·齐太公世家》），小白佯死躲过一劫，顺利返回齐国即位，是为齐桓公。齐桓公想报一箭之仇，让鲁国人将管仲剁成肉酱以解心头之恨。这时，鲍叔牙劝诫齐桓公，“君且欲霸王，非管夷吾不可。夷吾所居国国重，不可失也”。在鲍叔牙看来，管仲是难得的人才，管仲所到之处，必然变得强大，因此，齐桓公若想成为霸主，非管仲不可。齐桓公听从了鲍叔牙的建议，假借要召见管仲并对他施以酷刑的名义，将管仲从鲁国要回，并以隆重的礼节对待管仲，且任命他为大夫，负责政务。两年后齐桓公成为春秋时期的第一位霸主。子曰：“桓公九合诸侯，不以兵车，管仲之力也。”（《论语·宪问》）一语道出了管仲在成就齐桓公霸业中所作出的突出贡献。

我善养吾浩然之气。

出处

《孟子·公孙丑上》

译文

我善于培养自己的浩然之气。

解读 这句格言阐明了人们坚守正义的底气，只要坚守浩然正气就能践行正义之道。

格言出自公孙丑与孟子的一段对话。“敢问夫子恶乎长？”曰：“我知言，我善养吾浩然之气。”在这简短的对话中，公孙丑想知道老师擅长的是什么，孟子告之，自己最善于分析别人的言语，善于培养自己的浩然之气。

“浩然之气”指的是一种至大至刚、充塞于天地之间的正气，它是由正义和道德在人的内心长期积累而形成的。孟子认为，一个人只有具备了这种浩然之气，才能拥有“大丈夫”的坚定信念和高尚品格，才能面对各种困难和挑战而不失其志。

浩然之气是一种刚正、至高的精神状态，也是一种为了正义敢于担当与奉献、敢于牺牲的精神，在中华五千多年文明中得以传承与发展，深深地烙在中华儿女的心灵深处，深刻影响着人们的价值取向与行为选择。

当一个人真正拥有浩然之气，就会表现出一种无所畏惧、维护正义的状态。如文天祥，他在面对元朝的威逼利诱时，坚决不降，展现出正气凛然的状态；如“千锤万凿出深山，烈火焚烧若等闲”的于谦，他坚守自己的信念，为正义和民族气节而战，为国家天下之大义而不改其气节，至死不渝。这便是“浩然之气”的体现。

培养浩然之气，无论何时何地，都要坚守道义，做到“穷不失义，达不离道”“得志，泽加于民；不得志，修身见于世。穷则独善其身，达则兼善天下。”（《孟子·尽心上》）只有这样，才能成为“居天下之广居，立天下之正位，行天下之大道”“富贵不能淫，贫贱不能移，威武不能屈”的“大丈夫”。

拓展阅读

文天祥兵败被俘，囚在一间土屋，水气、土气、日气、火气、米气、人气、秽气混杂在一起，发生瘟疫，多人生病。而身体虚弱的文天祥在这种环境中生存了两年，却幸而无恙，探究其原因，文天祥认为，“彼气有七，吾气有一，以一敌七，吾何患焉！况浩然者，乃天地之正气也”，这就是浩然之气的力量。他在狱中写下极具震撼力的五言古诗《正气歌》。全诗以“天地有正气，杂然赋流形”开头，接着介绍齐国史官和晋国史官不畏强权、据实直书被杀等十二个典故中的人物所显示出浩然正气，说明浩然正气贯日月，立天地，为三纲之命，道义之根，最后联想到自己虽在缧绁之中，却一身正气，不屈不挠。文天祥以慷慨激昂的笔触，颂扬了天地间的浩然正气，表达了自己忠贞不渝的爱国情怀。这首诗，不仅是中国文学史上的瑰宝，更是激励后人坚守正义、勇往直前的精神力量。

人有气有生有知，亦且有义，故最为天下贵也。

出处

《荀子·王制》

译文

人有气、有生命、有知觉，而且讲究礼义，所以人最为天下所贵重。

解读 这句格言阐明，义既是人类与其他物种的区别所在，又是人类的独特价值和地位的体现。

“水火有气而无生，草木有生而无知，禽兽有知而无义，人有气、有生、有知，亦且有义，故最为天下贵也。”水火有气而无生命、草木有生命却无知觉、禽兽有知觉却没有道义。只有人，既有气、有命，又有知觉和道义，所以在大千世界中最为尊贵。

人拥有其他物种不具备的礼义，这不仅是人与动物的根本区别，是人之为人的依据，也使人类具备了独特的价值与地位，凸显了人类相应的道德意识和社会责任感。

人不只是简单地活着或感知万物，而在于能够秉持正义、明辨是非；能够为了正义而敢于担责、勇于奉献；能够为了实现自身价值而不畏艰险，勇攀高峰。

这句格言时刻提醒人们，人不能苟且，而应矢志追求正义之道，勤勉求知，不懈地探索并实现个人的崇高价值。

“人有气有生有知，亦且有义，故最为天下贵也”也是历代统治者以人为本的出发点。《尚书·泰誓上》有言，“惟天地万物父母，惟人万物之灵”，强调了人的尊贵性；而“天地之性，人为贵，贵其识知也”（《论衡·别通》）则解释了人之所以尊贵，是因为人有认知并获取知识的能力，从而产生巨大的力量，特

别是团结的力量。因此，统治者也看到了民心的作用，认识到“得民心者得天下”。

人“最为天下贵”也启示人们，坚守道德和良知，秉持正义和善良，用积极的态度，保持对世界的好奇心并通过学习与思考，不断提升能力、增长智慧，在实现个人价值的同时，促进社会进步。

拓展阅读

“人命至重，有贵千金，一方济之，德逾于此”，这是孙思邈在《备急千金要方·序》中提到的一句话，意思是说，人命是很重要的，比千金还要贵重，开一副药方治好病人的病，最高的品德也莫过于此。古代医者认为，人的生命无比珍贵，作为医者，必须有精湛的医术与高尚的医德，“至重唯人命，最难却是医”(《古今医鉴·警医箴》)说的就是这个道理。“良医处世，不矜名，不计利，此其立德也”(《临证指南医案·华序》)，“上以疗君亲之疾，下以救贫贱之厄”(《伤寒杂病论·序言》)，良医们以医救人，以德立世，发大慈恻隐之心，誓愿普救含灵之苦，不计其功，不谋其利，不论贫富，药施一例，留下了许多杏林佳话，他们高尚的医德和职业操守，跨越时空，至今仍具有重要价值。

公生明①，偏生暗②。

出处

《荀子·不苟》

注释

① 明：明亮。

② 暗：昏暗，不明事理。

译文

公正就能明断是非，偏私必然断事昏庸。

解读 这句格言阐述了公平正义是明辨是非的前提。

“公生明，偏生暗，端悫生通，诈伪生塞，诚信生神，夸诞生惑。此六生者，君子慎之，而禹桀所以分也。”荀子通过对公正、偏见、端庄诚实、欺诈虚伪、诚信、夸大炫耀对人的行为、结局的影响，警示君子，要努力培养公正、诚实、诚信等优秀品质，同时避免偏见、欺诈和夸大等负面行为。

公平、公正、坚持公道，是一种超越个人私利和偏见的博大胸怀。秉持公正无私在心，就能在看待事物、处理事情的过程中保持清醒的头脑和敏锐的洞察力，全方位地权衡各方利益得失并遵循正义与道德准则，做出明智的判断与决策，赢得民众的信任与尊重，促进社会和谐发展，正所谓“奉公如法则上下平”(《史记·廉颇蔺相如列传》)。

偏袒、偏见、偏心，会蒙蔽人们看清真相的眼睛。一旦陷入“偏”的泥沼，人们的视野便会被狭隘的情感和利益所局限，固执己见，一叶障目，必然导致决策的失误和不公，引发矛盾与冲突，甚至导致社会处于混乱之中，正所谓“公则天下平，偏则天下乱。”

三国时期的诸葛亮，总结前人经验教训，在治理蜀地时秉承公平正义进行决策，深得民众支持拥护，为蜀汉的稳定和繁荣奠定了坚实的基础。西汉时晁错的削藩政策，虽有利于加强中央集权，但因其在处理诸侯国问题时有失公正，引起了诸侯国的不满，发生了大规模的叛乱，导致天下动荡不安。这些事例都说明了公平正义对于社会繁荣和稳定的重要性。

“公生明，偏生暗”，一公一偏，一明一暗，既是贤者与不肖者的重要区别，也是我们引以为戒的古训。它恰似一盏明灯，引领着我们积极倡导并躬身践行公平正义。人间自有公道在，是非善恶自分明。公道在人心，明是非、辨善恶、分美丑，无论世事如何纷扰，公正与正义始终是衡量一切价值的基石。

拓展阅读

五代时期后蜀国后主孟昶，于广政四年（941）撰写《官箴》，全文二十四句，每句四字，共九十六字，颁布各郡县，戒令官员。北宋时期，宋太宗摘孟昶《官箴》中的四句称作《戒石铭》，令天下郡县刻石置公署之前。碑文为“尔俸尔禄，民膏民脂。下民易虐，上天难欺”。碑文警示官员们务必清正廉洁，克己爱民。这件事曾被后人传为佳话。

治天下也，必先公，公则天下平矣。

出处

《吕氏春秋·贵公》

译文

古代贤明的君王治理天下，一定会首先做到大公无私，只要大公无私了，天下就太平了。

解读 这句格言强调，只有执政者、领导者坚持公平正义才能治理好天下。

“昔先圣王之治天下也，必先公。公则天下平矣。平得于公。尝试观于上志，有得天下者众矣，其得之以公，其失之必以偏。”文章指出，研究历史的记载会发现，得到天下的人很多，之所以能得天下，是因为他们大公无私，如果失去天下，那一定是因为偏私。在分析的基础上，文章提出了治天下必以公，公则天下平的观点。

历史上有不少因秉持“公则天下平”的理念而取得成功的例子。唐太宗李世民在执政期间，公正地对待他的臣民。在人才的选拔上，他坚持推行科举制度，不问出处，唯才是举，使得出身贫寒但才华出众的马周得到了委以重任的机会；他平等地对待各民族，不奴役压迫被征服的少数民族，在其旧地设置都督府，让其进行自我管理并保留其风俗习惯。这种公正平等的做法使得唐朝成就了“贞观之治”的盛况。

“有功必赏，有罪必罚，则为善者日进，为恶者日止”（《资治通鉴·陈纪三》）。作为一国之君，只有以国事为重，坚持公正无私，杜绝结党营私，才能确保国家长治久安和人民的幸福安康，这是自古以来总结出的真理。伯禽代父周公前去封地鲁国任职，向周公请教治鲁国之策，周公告之“利而勿利也”，即利民而不谋取私利。

这句格言不仅对执政者和领导者具有警示意义，对于指导大众生活也具有重要指导意义。天下非执政者、领导者之天下，乃亿万民众共有的家园。人人坚守公平正义，就能减少利益矛盾冲突，有利于天下太平；人人偏私不公，就会加剧彼此矛盾冲突，导致天下大乱。

拓展阅读

周成王将鲁国分封给周公，由于成王年幼，周公要摄政，无法亲自前往，便让儿子伯禽前去就国。临行前，周公告诫儿子，自己是周武王的弟弟、周成王的叔叔，还兼任辅佐君主的重任，身份地位已经不轻，但一次沐浴、一次吃饭，却要多次停下来接待宾客，为的就是不怠慢他们。你去了鲁国后，一定要谦恭下士，不能因为傲慢而失去民心。最后又强调道："夫贵为天子，富有四海，由此德也；不谦而失天下，亡其身者，桀纣是也；可不慎欤！"

公正无私，一言而万民齐。

出处

《淮南子·修务训》

译文

执政者只要公正无私，一声令下，群众就能齐心协力，奋勇直前。

解读 格言突显了公正无私在凝心聚力中的地位。“若夫尧眉八彩，九窍通洞，而公正无私，一言而万民齐。”这是称赞古代帝王尧的一句话，用其眉毛有八种颜色、九窍畅通无阻这种较为夸张的手法，描述了他与众不同的非凡气质和纯净心灵的通达智慧，尤其是其公正无私、一声令下则万民齐服的领导力和号召力，展现出他作为古代圣王的卓越品质和伟大成就。

公正无私，是一种高尚的品质，也是评判一个人道德水平的重要标尺。“公正”指公平正直，按照同一原则对待所有人和事；“无私”则强调没有私心，不偏袒、不谋私利。一个公正无私的人，必然拥有较高的社会威望，所言具有足够的权威，也必将得到民众的信赖与信服，产生“一言而万民齐”的效果。

“其身正，不令而行；其身不正，虽令不从。”（《论语·子路》）这就是孔子阐发的无言之教。作为领导者，其言谈举止对下有着潜移默化的作用：自身行为端正，不用发号施令，下属也会自觉去执行；反之，即便发布命令，下属也不会听从。而公正无私，正是身正的最直接表现，“大道之行也，天下为公”（《礼记·礼运》），正是人们对幸福理想生活的憧憬，“以私胜公，衰国之政也”（《吕氏春秋·离俗览·举难》）可见，公正无私不仅是对个人道德修养的要求，还是社会和谐稳定、国家长治久安的基础。

当今社会，公正无私也是追求公平正义的基石。对个人而言，它是一个人道德品行高低的标准，要求人们在面对利益冲突时，以大局为重，做出公正合理的选择；对领导者而言，无论是选人用人，还是做出相关决策之时，都要坚守公正、公平的原则，杜绝感情用事，减少社会矛盾与冲突，促进社会和谐与稳定。

拓展阅读

1947 年 6 月，为战局所需，12 万刘邓大军挺进大别山。部队面临重重困难，既有国民党军队的“围剿”，又有补给的缺失，且白色恐怖蔓延下的农村革命力量几乎被消灭殆尽，老百姓见到军队就跑。行军打仗找不到向导，伤员无处安置，粮食筹集更是困难。这种极端困境引发了一些违反纪律的问题。为了得到大别山百姓的拥护，稳住脚跟，刘伯承和邓小平与广大官兵约法三章：以枪打老百姓者、掠夺财物者及强奸妇女者，一律枪毙。令人痛心的是，不久就有一位战斗英雄、直属警卫团副连长从一个无人收钱的店中拿了一匹花布、一捆粉条、一些白纸和毛笔。面对群众及官兵的求情，刘伯承和邓小平坚持军纪如山，含泪就地处决了该副连长。此事深深地震撼了全军和群众，从此，全军纪律严明，秋毫无犯。

赴火蹈刃，死不还踵。

出处

《淮南子·泰族训》

注释

❶赴：前往。
❷蹈：踩踏。

译文

即便是面对熊熊烈火和锋利的刀刃，也毫不畏惧地向前冲，就算死也不会退缩一步。

解读 这句格言展现了维护公平正义之人的英雄气概。“墨子服役百八十人，皆可使赴火蹈刃，死不还踵，化之所致也。”墨子的弟子们，在墨子的教化下，形成了极高的道德品质和勇敢无畏的精神风貌。他们为了信仰和理想，不惧怕任何困难与挑战，宁可上刀山下火海也在所不惜。

“赴火蹈刃”指冲入火海、踏上尖刃，形容极端危险和困难的环境。“死不还踵”则是指即使面临死亡，也不会退缩一步，形容坚定不移的决心和勇气。

在五千多年中华文明发展史上，无数中华儿女为了道义或民族大义，将勇敢无畏、坚定不移的精神代代相传。从孔子的“知其不可而为之”（《论语·宪问》）到孟子的“富贵不能淫，贫贱不能移，威武不能屈”（《孟子·滕文公下》）；从班固的“镌金石者难为功，摧枯朽者易为力”（《汉书·异姓诸侯王表》）到陶渊明的“精卫衔微木，将以填沧海。刑天舞干戚，猛志固常在”（《读山海经·其十》），再到梁启超的“男儿志兮天下事，但有进兮不有止，言志已酬便无志”（《志未酬》），都展现了中华儿女勇于、敢于捍卫公平正义的坚强意志和决心。无论任何时代，都有数不清的志士仁人，为了公平正义负重前行。

作为新时代的中华儿女，我们应自觉地传承这种“赴火蹈刃，死不还踵”的精神，在中华民族伟大复兴的征程中，高举旗帜，增强“四个意识”、坚定"四个自信"、做到"两个维护"，不惧困难与危险，乘风破浪，勇往直前。在关键时刻，敢于挺身而出，冲锋在前；危难关头，勇立潮头，敢于亮剑，尽显有志儿女的英雄本色。

拓展阅读

1901年戊戌变法失败后，梁启超在《清议报》上刊发了《志未酬》一诗，"志未酬，志未酬，问君之志几时酬？志亦无尽量，酬亦无尽时。世界进步靡有止期，吾之希望亦靡有止期。众生苦恼不断如乱丝，吾之悲悯亦不断如乱丝。登高山复有高山，出瀛海更有瀛海。任龙腾虎跃以度此百年兮，所成就其能几许！虽成少许，不敢自轻。不有少许兮，多许奚自生？但望前途之宏廓而寥远兮，其孰能无感于余情？吁嗟乎，男儿志兮天下事，但有进兮不有止，言志已酬便无志。"通过这首诗，梁启超表达了继续奋斗的积极进取精神，特别是"但有进兮不有止，言志已酬便无志"一句，更是达到了一种极高的精神境界。这启示后人，一定要克服短视，树立大志。

宁以义死，不苟幸生。

出处

北宋·欧阳修《纵囚论》

译文

宁愿为正义而死，不愿意苟且偷生。

解读 这句格言展现了捍卫公平正义的大无畏勇气和坚定信念。“宁以义死，不苟幸生，而视死如归，此又君子之尤难者也。”欧阳修指出，宁愿为正义而死，不愿意苟且偷生，而视死如归，这在君子中也是很难做到的。

“宁以义死”中的“义”指公平正义、真理以及道德准则等。这句表达了为捍卫公平正义和真理，不惜牺牲自己的生命的决心和勇气。

“不苟幸生”中的“不苟”指不随便、不轻易妥协；“幸生”指侥幸存活或逃脱。这句表达了为捍卫公平正义和真理，不会因贪生怕死而放弃自己的信仰、原则或道德底线，以苟且偷生或侥幸免过。

“宁以义死，不苟幸生”体现了对于公平正义、社会道义坚守的勇气和决心。这种勇气和决心是人们不为利益所动、不为困境所屈，坚持公平正义、理想信念以战胜困难和挑战的精神源泉。这种为捍卫公平正义和真理而视死如归的精神，在历史上被许多英雄人物所践行，也成为激励后人追求高尚品德、坚守正义的重要精神力量。

在中华民族五千多年的历史长河中，为了正义和道义而不惜牺牲生命的奉献精神，激励着一代代中国人为了他人、国家与民族利益，赴汤蹈火，在所不惜。从“志士仁人，无求生以害仁，有杀身以成仁”到“粉身碎骨浑不怕，留得清白在人间”再到“天下兴亡，匹夫有责”，都充分体现了志士仁人对忠诚、正义、勇敢和奉献精神的崇尚和追求，他们树立起中华民族的脊梁，也为后人立起了一座座丰碑，时刻激励着后人在面对困难和挑战时，坚守道义，不怕牺牲，维护正义。

“宁以义死，不苟幸生”这句话对我们现代人仍具有重要的启示。它提醒我们，每个人都应心怀正义感，明确所肩负的使命与责任，将儒家的修身、齐家、治国、平天下的理想抱负，创新性地运用于工作与生活之中，敢于同不正之风做斗争，敢于质疑权威，以批判性的思维正视问题、解决问题，展现出为了正义事业而敢于牺牲的豪迈气概。

拓展阅读

据《新唐书·太宗皇帝本纪》记载，太宗贞观六年（632）“十二月辛未，虑囚，纵死罪者归其家”。七年九月，“纵囚来归，皆赦之”，这就是著名的“四百囚徒归狱案”。《纵囚论》就是欧阳修针对唐太宗纵囚一事提出的质疑。在这篇史论中，欧阳修开门见山，从“信义行于君子，而刑戮施于小人”说起，通过唐太宗纵放死囚的史实，用君子与小人相比较，论析指出唐太宗的做法有悖人情、违反法度，是沽名钓誉的一种手段。因此，作者认为唐太宗的做法不值得效法，而应该“尧舜三王之治，必本于人情”，国家的管理要合乎人情，不能为了追求声誉而违背常理。

四 讲友善

天道[1]无亲，常与[2]善人[3]。

出处

《老子·第七十九章》

注释

❶ 天道：自然规律。
❷ 与：援助，帮助。
❸ 善人：有德之人。

译文

自然规律对人是没有亲近偏爱的，但经常有助于那些尊重、顺应自然规律的人。

解读 在这句格言中，老子深刻地揭示了自然规律无私的特性。自然规律对世间万物一视同仁，凡是尊重、顺应自然规律的人，都会得到自然规律的善报。

人类的生产实践证明，凡是违背自然规律的人类活动必然遭受自然界的报复；只有尊重、顺应自然规律才是人类生存发展的最善之道。

世间万物都有自己生存发展的法则。老子所倡导的“善”，并非盲目地行善或是陶醉在自以为是的善行之中，而是要在理解并顺应世间万物法则的基础上，践行真正的“友善”。

北魏初年，都城设于平城（今山西大同），平城属北方寒冷之地，风沙常起，不利于农业生产和经济的发展。随着北魏疆域拓展和中原文化的日益繁荣，平城的地理位置和气候条件逐渐显现出其局限性。北魏孝文帝深知，要推动国家的进一步发展，就必须迁都至一个更加适宜的地方。孝文帝迁都洛阳后，进一步促进了鲜卑族与汉族的文化交流和融合，为北魏的繁荣与发展奠定了坚实的基础。孝文帝顺应了历史发展的趋势，为民族的融合进步作出贡献。

在当今科技发达、物质充裕、信息洪流涌动的时代，违背自然规律受到的惩罚比以往任何时代都要残酷，全球气候变暖、雾霾等恶劣天气已经给人类敲响了警钟。我们比以往任何时候都迫切地需要顺应自然的节奏，亲近自然的怀抱，追溯生命的本真。

同时我们也更加深刻地意识到，认识规律并遵循规律，顺应天地万物的自然法则，才能赢得自然规律的友善回馈，人类才能可持续发展。

拓展阅读

老子深邃的哲学体系中，“天道”占据了举足轻重的地位，这一概念指自然法则。《道德经》中，老子细腻描绘了“天道”的奥秘：“道生一，一生二，二生三，三生万物，万物负阴而抱阳，冲气以为和。”老子进一步阐述：“天之道，其犹张弓与？高者抑下，下者举之，有余者损之，不足者补之。天之道，损有余而补不足。”此言喻示着自然界的法则犹如调节弓弦，过高则压低，过低则提升，多余则削减，不足则增益，天道正是通过平衡万物，实现其运作的奥秘，凸显了“天道”在老子思想中的核心地位。老子认为正是因为天道的无私，其才能具有“不争而善胜，不言而善应，不召而自来，坦然而善谋”的四个特性。

非宅是卜[1]，惟邻是卜。

出处

《左传·昭公三年》

注释

❶ 卜：占卜、选择。

译文

在考虑迁居时，不应该占卜住宅本身的吉凶，要选择适合的邻居。

解读　这句格言强调了选择友善邻居的重要性。

追溯“邻”字的造字渊源，《说文解字》阐释其意为“五户成邻，形旁为邑，声旁乃粦”，由此可见“邻”字的诞生与古代居民组织结构的深厚联系。

这句格言强调择居之时，人们更倾心于寻觅友善之邻，而非单纯考量宅邸方位的优劣。孟母为子三迁居所，传达了一个朴素的真理——择善邻而栖。古语云：“远亲不如近邻。”邻里间虽无血脉相连，却因日常的嘘寒问暖、守望相助，而孕育出深厚真挚的友善情谊。

明朝礼部尚书杨翥，喜欢骑驴上朝或外出。杨翥对驴甚是喜爱，每天都亲自喂养。杨翥的邻居是一位年近六十的老人，老来得子很是高兴。但新生儿一听到杨翥的驴子叫声就吓得哭个不停，搞得全家人都不得安宁。杨翥邻居畏惧其是朝廷大员，不敢向杨翥说孩子怕驴子叫声的事。眼看孩子因驴子叫声影响到饮食明显减少，杨翥邻居不得不把这件事和杨翥说了。杨翥听后，忍痛割爱，把自己的驴子卖了，从此外出或上朝改为步行。杨翥卖驴的行为深深感动了邻居一家，也赢得了街坊四邻的广泛赞誉。在杨翥的带动下，邻里之间的关系变得更加和谐融洽。

邻里关系的和谐与否，不仅牵动着人们的情绪波动，更是生活品质的直接映射。与邻和睦共处，方能享得生活之惬意。若忽视邻居的重要性，可能会遭遇诸多烦恼，诸如邻里纷争不断、相互干扰，生活因此蒙上一层阴霾。正如人们常说的，邻里不和，居住亦难安。

当下社区邻里之间，因噪声扰民引发邻里矛盾，因私自占用公共区域引发纠纷等事件时有发生。这些事例都充分说明了邻里不和会给居住生活带来极大的困扰和不安。为了营造一个和谐、友好的居住环境，我们应该积极努力地改善和维护良好的邻里关系。

这句格言给我们的重要启示是：在选择住房时除了考虑房屋的质量、位置、价格、物业服务等因素，还应关注邻居的素质和生活习惯。良好的邻里关系能够营造和谐的生活环境，对居住者的身心健康和生活质量产生积极影响。

拓展阅读

2016年12月12日，习近平总书记在会见第一届全国文明家庭代表时的讲话中指出："广大家庭都要重言传、重身教，教知识、育品德，身体力行、耳濡目染，帮助孩子扣好人生的第一粒扣子，迈好人生的第一个台阶。要在家庭中培育和践行社会主义核心价值观，引导家庭成员特别是下一代热爱党、热爱祖国、热爱人民、热爱中华民族。要积极传播中华民族传统美德，传递尊老爱幼、男女平等、夫妻和睦、勤俭持家、邻里团结的观念，倡导忠诚、责任、亲情、学习、公益的理念，推动人们在为家庭谋幸福、为他人送温暖、为社会作贡献的过程中提高精神境界、培育文明风尚。"

背施幸灾，民所弃也。

出处

《左传·僖公十四年》

译文

背弃他人友善施舍和帮助，而对其灾难感到高兴，这是百姓所唾弃的行为。

解读 这句格言阐述了违背互帮互助之责的严重后果。“背施幸灾，民所弃也。近犹仇之，况怨敌乎？”违背相互救助之责和幸灾乐祸的行为，会导致人民唾弃的，亲近的人尚且会因此结仇，更何况是仇敌呢？

“背施幸灾”中的“背施”指背弃他人给予的恩惠。正常的人际交往中，他人给予恩惠，理应感恩，背弃他人恩惠是一种不友好的人际交往。不友好的人际交往容易失去他人的信任、帮助和支持。“幸灾”指以他人的灾祸为乐，按照基本道德，他人有灾难时，理应同情，并力所能及给予支持和帮助，使其渡过灾难；不帮助反而以别人灾难为乐，说明缺乏恻隐之心，没有仁爱，不会得到他人的尊重和认可。“民所弃也”指被人民抛弃，说明了“背施幸灾”这一行为的严重后果。

据《左传·僖公十四年》记载，秦国惨遭饥荒，无奈派出使臣向晋国求购粮食，本盼着能得一丝生机，孰料晋国竟未施援手。这般行径实乃舍弃邻国相互救助之责。晋国此举更是寒了邻国之心，使得邻近各国对其憎恶之情愈发深重。晋国这等罔顾道义、毫无怜悯之心的做法，终究自食恶果，让自己陷入孤立无援之境。

人与人之间相处亦是如此：面对他人的不幸与灾难，倘若你内心暗自窃喜，甚至以此为乐，欢呼雀跃，这无疑是一种缺乏同情心的表现，揭示了你并非是一个心怀大爱、慈悲为怀之人。相反，在他人需要时及时帮助，遵循正义之道行事，必将迎来福泽与回馈。

拓展阅读

明朝推行睦邻政策，这一政策成为明朝外交的具体实践。明朝积极地与蒙古、朝鲜、日本等展开友好往来。对于蒙古，明朝深知其军事力量的强大，如果与之发生大规模战争，将会给国家带来沉重的负担，百姓也会陷入战火的苦难之中。所以，明朝通过和平手段来解决与蒙古之间的边境争端、贸易纠纷。对于朝鲜，明朝意识到与其保持友好关系，不仅能够促进双方的文化交流、贸易往来，更有利于维护东北亚地区的稳定。朝鲜也因为与明朝的友好关系，在政治、文化等多方面深受明朝影响，双方在交流中共同发展。而面对日本，明朝尽管知道海上贸易存在一些摩擦以及倭寇问题，但依然希望通过和平的外交途径来解决这些矛盾，避免战争的爆发。这种睦邻政策的实施，深刻地展现了明朝统治者对于国家稳定的高度关切。他们深知一个国家只有内部稳定、外部安宁，才能够长治久安。同时，明朝的这一睦邻政策为东亚地区的和平共处提供了示范。周边国家看到明朝通过和平手段来处理国际关系，也逐渐意识到和平相处能够带来更多的利益，促进地区间的文化、经济交流与发展，这种示范作用在东亚地区国际关系发展史上有着不可忽视的意义。

我无尔诈，尔无我虞[1]。

出处

《左传·宣公十五年》

注释

[1] 虞：欺骗。

译文

我不欺骗你，你也不要欺骗我。

解读

这句格言强调了人与人之间有真诚和信任，才能具有真正的友善。“尔虞我诈”由楚国宋国盟誓中的“尔虞”和“我诈”演变而来，表示相互之间的欺骗和不信任。“尔虞我诈”这一典故深刻揭示了人际交往的复杂性。那些惯于耍心机，欺骗他人之辈，常常招致旁人的反感与疏远，不可能有真正的友善。

唯有秉持真挚的态度与他人沟通，方能彰显个人友善的独特魅力与风采。因此，人际交往的首要法则，便是以一颗赤诚之心去理解、包容他人，真诚地对待每一个人，才能展现真诚的友善。

春秋时期，管仲和鲍叔牙是好友。两人合伙做生意分红时，不管功劳大小，管仲总是多要分红，鲍叔牙并未因此嫌弃管仲，他知道家境贫寒的管仲需要更多的钱来供养年迈的老母亲。后来，齐桓公要把管仲处以极刑，鲍叔牙了解管仲的非凡才能，他不怕惹祸上身，反而向齐桓公推荐管仲。最终，管仲在鲍叔牙的推荐下，不但辅佐齐桓公成就了霸业，自己也成为一代名相。鲍叔牙对管仲的理解和举荐，展现了他对管仲的赤诚之心，不因一时的得失而影响对朋友的信任和尊重。这种真诚与包容的态度，不仅成就了管仲，也铸就了“管鲍之交”的千古佳话。

在当今这个纷繁复杂的世界，“我无尔诈，尔无我虞”仍是人类的一种美好愿景。人类社会中的彼此信任仍面临各种考验，各国之间的信任，各国内部组织、公民之间的信任等问题，正潜移默化地影响着人们的日常交往，每个人的心灵深处都竖起了一道“防火墙”，避免被欺骗和诈骗。各国之间、各组织之间、人与人之间的信任，理应植根于相互尊重与诚实守信的沃土之中。我不对你行诈，你也不对我使欺，彼此以真诚之心相待，才能友善相处。

这句格言启示人们：世上最为珍贵的便是信任。信任宛如一张洁白无瑕的纸，一旦揉皱，即便费尽心机去抚平，也难以复原其最初的平整。一旦信任的大厦轰然倒塌，便再难以重建那份毫无保留的友善之情。

拓展阅读

春秋时期，晋、楚两国长期争霸，战事频繁。一次，两国军队在郑国的虢地对峙。旷日持久的战争让双方都疲惫不堪，且都面临诸多困难。晋国大臣士燮深谋远虑，他清楚继续争斗下去对双方都不利，于是力主与楚国议和。在双方进行议和的过程中，为了让彼此放心，晋国的大夫们与楚国达成了一个重要约定，“我无尔诈，尔无我虞”。意思是说，我们晋国不会欺骗你们楚国，希望你们楚国也不要欺骗我们晋国。凭借这句真诚的承诺，晋、楚两国暂时放下了敌对与猜疑，成功议和，避免了更多的战乱与伤亡，也让两国百姓能暂得安宁。

欲人之爱己也，必先爱人；欲人之从己也，必先从人。

出处

《国语·晋语四》

译文

要想人友善地爱护自己，必须先友善地去爱护别人；要想人友善地顺从自己，必须先友善地顺从别人。

解读 这句格言的核心思想强调了人与人之间友善的交互性和互动性。这一原则深入到人类社会的本质中，它不仅是一种道德规范，也是生活中的一种智慧。这种相互作用的原则不仅适用于个人与个人之间的关系，也适用于更广泛的社会关系。在家庭中，夫妻之间、父母与子女之间都需要这种相互理解和相互支持；在工作中，同事之间、上下级之间也需要这种相互尊重和相互配合。这句格言提醒我们在人际交往中要时刻保持友善谦逊和包容的态度，尊重他人的感受和需要，建立和谐、稳定的人际关系。

“欲人之爱己也，必先爱人”指明了如何处理自己和他人之间的友善关系。当我们爱别人时，我们表达善意和关心，这激发了别人的反应，他们也会以同样的方式对待我们。这是一种情感互惠，一种基于理解和尊重的互动。它使人们在交流中感到温暖和满足，从而建立深厚的信任和友谊。

“欲人之从己也，必先从人”指明了如何彼此友好顺从的方法。当我们服从他人时，我们对他人表现出尊重和理解。这种服从并不意味着放弃自己，而是对他人的肯定和欣赏。当别人感受到我们的尊重和理解时，他们更容易接受我们的意见和建议。这种接受和认同无疑对我们的生活和事业有重要的帮助。

这句格言启示人们：人与人之间，彼此以爱的力量对待他人，以尊重和理解的态度服从他人，不仅可以建立和谐的人际关系，还可以在人生的道路上走得更远，实现更多的目标。

拓展阅读

晋国有个叫郤缺的人，他出身于一个曾经显赫的家族，因为家族成员犯下过错，郤缺从原本的贵族阶层被贬为平民。郤缺深知，一个人的价值不在于身份的高低，而在于自身的品德和修养。他以古今圣贤为榜样，在艰苦的农耕生活中依然刻苦修身。郤缺的妻子，是一位令人钦佩的贤良女子。她深知丈夫的志向和艰辛，在家庭中默默地承担起了自己的责任。为了不耽误丈夫劳动的时间，她每天都会精心准备饭菜，不辞辛劳地送到农田。一次，晋国的大夫臼季受命出使鲁国，当他的马车经过郤缺家的田地时，一幅温馨而又充满敬意的画面映入他的眼帘。郤缺的妻子正给丈夫送饭，她将饭碗高高地举过头顶，就像对待一个尊贵无比的客人一样。郤缺没有丝毫的怠慢，他以同样充满敬意的礼节回敬妻子，恭恭敬敬地接过饭碗。这便是流传千古的“相敬如宾”的故事。

泛爱众，而亲仁。

出处

《论语·学而》

译文

广泛地爱大众，并亲近有仁德的人。

解读 这句格言阐述了向仁德之人学习，以开放的心态去接纳和理解他人，以宽容和友爱的态度去处理人际关系。

格言中“泛爱众”的理念，倡导人们不分亲疏贵贱、将爱心播撒至芸芸众生之中，意在实现众生间的友善与相互关怀，从而构建良好的人与人的关系。不以自我为中心，放弃个人偏见，才能包容、理解他人，才能友善待人。

“而亲仁”则告诫我们，应当主动接近那些具备仁德品质的人，以他们为榜样，提升自己的德行修养。这意味着，人们应当结识并靠近那些充满正能量的朋友，远离那些行为不端、品德低下之徒。

人的德行修养的提升是受交往的人际关系影响的。孔子为我们指明了修养的方向，那就是“亲仁”。这一要求与人的自然倾向大相径庭，因为人们常不由自主地“亲我”，站在个人利益的立场上，有可能损害到他人利益，导致人与人之间关系的紧张。“亲仁”意味摒弃一切“亲我”的言语、行为和念头，这样才有利于形成人与人之间相互友善和相互关爱的和谐人际关系。

战国时期，梁国有位大夫叫宋就，曾就任与楚国交界地的县令。梁楚两国百姓都在边境上种瓜，梁国百姓勤于灌溉，种出的瓜又大又甜；楚国百姓懒惰，种出的瓜又小又差。楚国百姓出于嫉妒便夜间偷偷去破坏梁国百姓种的瓜。梁国百姓发觉后就报告宋就，要去报复，宋就劝阻并教他们趁夜晚去给楚国的瓜地浇水。楚国百姓的瓜也长得又大又甜了，楚王深受感动，从此梁楚两国的关系变好。这正是摒弃“亲我”的执念，以泛爱众的心态，宽容、帮助他人的结果。

这句格言启示人们：在处理人际关系时，应摒弃“亲我”的执念，以大局为重，以宽容和理解的态度对待他人，这样才能建立起相互友善、相互关爱的和谐人际关系。

拓展阅读

朱熹在《论语集注》中指出，“仁者，爱之理，心之德也。为仁，犹曰行仁”，认为仁的本质是爱，爱乃行仁的心理体现，此思想由孟子“恻隐之心”发展而来。人因有“泛爱”“大爱”，才区别于动物，缺之则社会如动物丛林，无仁爱则难实现和谐稳定与美好生活。同时，对于“行有余力，则以学文”所涉“学”与“行”的关系，《论语集注》引洪氏之言，称无余力学文或余力不学文皆有弊端，求仁且学文，文质彬彬，方为君子。

老者安之，朋友信之，少者怀之。

出处

《论语·公冶长》

译文

使老年人得到安养，使朋友互相得到信任，使孩子们得到关爱。

解读 这句格言不仅深刻展现了孔子的仁爱思想，更体现了其超越个人利害，追求无私与至善的境界。

“老者安之”的老者没有高低、贵贱、亲疏之分，是天下的所有老年人；安之意在确保老年人能在晚年岁月中悠然自得，享受宁静生活，不仅为老年人提供物质上必要的帮助与保障，还应在精神上给予同样的尊重与关爱。

老者大多是社会的贡献者，他们不仅为社会、家庭创造了生存发展的物质财富，而且拥有丰富的人生阅历和生存发展的经验、智慧。无论在知识传承、价值观塑造、社会角色担当还是历史文化传承和守护方面，老者都为社会的繁荣和发展作出了不可或缺的贡献。

“朋友信之”，“朋”是指共同受业的同学，“友”是指志同道合的人。这两类人是交往最频繁的人，也是除了亲人外最容易形成凝聚力和向心力的人，是寻求外部支持时最可靠的帮助者。信强调的是朋友之间要守信用、讲诚信。

朋友之间讲信用，不仅是个人品德和口碑的基石，还能使朋友之间能够坦诚相待，减少误解和猜疑，增进彼此之间的了解和友谊，得到朋友扶持与帮助。

“少者怀之”中的“少者”正处于身心健康成长的时期，不仅是身体的发育和强健期，更是思想观念的形成、价值情感的培养、认知和社会能力提升的时期。这一时期的发展和进步，决定了少者成年后的德行修养和社会贡献。“怀之”就是要关心、爱护少者的身心健康成长。少者是社会文明、进步发展的后备力量。关心、爱护少者，不仅是有爱心的表现，更是为将来培养有爱心的人才。少者得到关爱才能形成积极健康的价值情感、正确的社会认知和提升生存发展的能力，将来才能成为一个贤能之人。

这一理念在当今时代依然具有启示价值。只有秉承“老者安之，朋友信之，少者怀之”的理念，才能形成积极的社会风尚，促进社会的文明和进步。

拓展阅读

汉文帝以孝治天下，即位之初就颁布了养老诏书。《汉书·文帝纪》载汉文帝元年（前 179）三月颁布的“养老令”：“‘老者非帛不暖，非肉不饱。今岁首，不时使人存问长老，又无布帛酒肉之赐，将何以佐天下子孙孝养其亲？今闻吏禀当受鬻者，或以陈粟，岂称养老之意哉！具为令。’有司请令县道，年八十已上，赐米人月一石，肉二十斤，酒五斗。其九十已上，又赐帛人二匹，絮三斤。”汉文帝养老诏令中强调了老年人的物质需求，养老的前提是老年人要吃好穿暖，因此朝廷要赐米、赐肉、赐酒、赐帛给老年人。朝廷这样做的目的是“佐天下子孙孝养其亲”，协助天下子孙孝养家中的高龄老人，通过国家救助来尽可能保障老年人的物质生活，这体现了汉代家庭养老和国家辅助养老相结合的思想。

故旧无大故，则不弃也。

出处

《论语·微子》

译文

旧臣老友如果没有犯大的错误，就不要抛弃他们。

解读 这句格言强调了友善的用人之道。

此格言世称“诫子格言”，这是鲁国初建之际，周公旦向其子伯禽，即鲁国的首任国君传授的训诫。强调一个有道之人不应轻易抛弃自己的亲族和朋友，尤其是那些没有重大过错的人。

训诫不仅表达了对故旧的友善，更包含了关于治理政事时用人方面的智慧结晶，主要涵盖了三个重要的方面。

其一，要友善亲人。亲人往往对家族和国家有着深厚的归属感，不友善亲人，不仅会破坏家族内部的和谐关系，还可能使一些有能力且忠诚的亲人，失去为国家效力的机会，这对治理政事是极为不利的。

其二，重用有才能的人。在那个时代，人才是稀缺且宝贵的资源。如果有才能的人不能得到重用，这不仅会使人才流失，还可能影响到周围人的积极性，最终对整个治理体系产生消极影响。

其三，不要轻易地罢免长期在自己手下做事的人。长期共事的人，熟悉政务流程，了解国家的各项事务，积累了丰富的经验。轻易罢免他们，不利于政事的顺利推进。

周公的这一训诫，非常精辟地概括了身为管理者应掌握的友善用人之道。只有坚持这几点用人之道，管理者才能赢得下属的有力支持与帮助，如同舵手获得船员的信任与协作，从而使国家这艘大船在风雨飘摇的历史海洋中平稳前行，实现长治久安的目标。

拓展阅读

在中国悠久的历史长河中，家训文化源远流长，而“中国第一部成文家训”就是《诫伯禽书》。

君子不施其亲，不使大臣怨乎不以。故旧无大故则不弃也，无求备于一人。君子力如牛，不与牛争力；走如马，不与马争走；智如士，不与士争智。德行广大而守以恭者，荣；土地博裕而守以俭者，安；禄位尊盛而守以卑者，贵；人众兵强而守以畏者，胜；聪明睿智而守以愚者，益；博文多记而守以浅者，广。去矣，其毋以鲁国骄士矣！

这段话用现在的语言表达：有德行的人不怠慢他的亲戚，不让大臣抱怨没被任用。老臣故人没有发生严重过失，就不要抛弃他。不要对某一人求全责备。有德行的人即使力大如牛，也不会与牛竞争力的大小；即使飞跑如马，也不会与马竞争速度的快慢；即使智慧如士，也不会与士竞争智力高下。德行广大者以谦恭的态度自处，便会得到荣耀；土地广阔富饶，用节俭的方式生活，便会永远平安；官高位尊而用卑微的方式自律，便更显尊贵；兵多人众而用畏怯的心理坚守，就必然胜利；聪明睿智而用愚陋的态度处世，将获益良多；博闻强记而用肤浅自谦，将见识更广。上任去吧，不要因为鲁国的条件优越而对士骄傲啊！

君子周而不比❶，小人比而不周。

出处

《论语·为政》

注释

❶ 比：勾结、偏私。

译文

君子团结而不结党营私，小人为了各自利益结党营私而不真团结。

解读 这句格言虽是孔子在讨论君子和小人的区别，但也体现了君子的友善美德。

君子擅长团结群众，却不结党营私，他们的举止皆源自大公无私的友善之情，而非个人私念作祟；友善待人才能够彼此交流沟通、达成共识，激发人们的归属感和认同感，彼此消除隔阂和分歧，大家才愿意为了共同的目标而团结一致。

反观小人，他们往往狼狈为奸，只着眼一己之利，缺失了应有的真心友善与公正之心。荀子在游历秦国期间，受到了秦相范雎的询问："您进入秦国后有何所见？"荀子对秦国的治理之道表示高度赞扬，并特别提到了秦国的士大夫阶层。他指出，这些士大夫从家门步入公门，再由公门返回家门，一心为公，毫无私念，这种风范令他深感敬佩。他们坚守岗位，公私分明、友善相待，在公堂之上谈论公事，绝不在私底下串门拉关系，这种正直无私的行为堪称楷模。

人要成就一番事业，就需秉持一颗公心，与人共事时友善相待、肝胆相照。这种"周而不比"的精神，就是以公平、友善对待所有人，避免偏袒和私心，必定赢得社会的广泛赞誉，被视为顾全大局、团结一致的典范君子。

春秋时期，晋国的政治家和军事家祁奚被誉为"周而不比"的典范。祁奚在位约六十年，历经晋景公、厉公、悼公和平公四朝，成为四朝元老。他的忠诚和公心在政治生涯中得到了充分体现。他不仅在国家事务中表现出色，而且在举荐人才方面更是展现了其高尚的品格。他能够超越个人恩怨，唯才是举，这种品质在当时的政治环境中尤为难得。据史书记载，祁奚曾推荐自己的杀父仇人解狐担任重要官职，这一举动充分体现了他的公正无私。他不因个人恩怨而影响对人才的判断，这种大公无私的精神令人钦佩。后来，他又推荐了自己的儿子祁午，这一推荐并非出于私情，而是因为他认为祁午确实具备担任该职务的能力。祁奚的这种行为，完美诠释了“周而不比”的精神。

拓展阅读

2023 年 3 月 6 日，习近平总书记看望参加全国政协十四届一次会议的民建、工商联界委员时强调，团结奋斗是中华民族的优良传统，是中国共产党领导中国人民不断创造历史伟业的必由之路。“团结一致、敢于斗争。力量源于团结。这些年来，我们面临的各种风险挑战接踵而至，大仗一个接一个，每一仗都是靠全体人民团结奋斗、顽强斗争闯过来的。未来一个时期，我们面临的风险挑战只会越来越多、越来越严峻。只有全体人民心往一处想、劲往一处使，同舟共济、众志成城，敢于斗争、善于斗争，才能不断夺取新的更大胜利。”

君子尊贤而容众，嘉善而矜❶不能。

出处

《论语·子张》

注释

❶ 矜：怜悯，怜惜。

译文

君子既能尊重贤人又能包容普通人，赞美善人并且同情那些能力不够的人。

解读 这句格言不仅强调了如何交友，更体现了友善待人的智慧。

“尊贤”指君子尊重有德行、有才能的人。他们认为这些人是社会的楷模，值得尊敬和学习。“容众”指君子不仅尊重贤能之人，还能包容和接纳广大普通民众。他们不会因为人的身份、地位或能力有所偏见，而是以平等、宽容的心态对待每一个人。

“嘉善”指君子对于善良、正直的行为和品质给予赞赏和鼓励。他们善于发现并赞扬他人的优点和长处，以此激发人们的积极性和向善之心。“矜不能”指对于能力不足或有所欠缺的人，君子表现出同情和怜悯之心。他们不会嘲笑或贬低这些人，而是给予理解、支持和帮助，鼓励他们克服困难、不断进步。

这句格言强调了君子在为人处世中应具备的高尚品质：尊重贤能、包容大众、赞赏善行、同情弱者。这些品质不仅体现了君子的个人修养，也彰显了他们在社会中的积极影响力和引领作用。

随着时代的不断发展，我们所处的社会环境发生了翻天覆地的变化。然而“善文化”的价值却从未褪色，反而愈发凸显出其重要性。在当今社会，宣传和弘扬“善文化”具有极其深远的意义。

一方面，这是传承嘉善传统人文美德的需要。这些传统美德承载着先辈们的智慧和精神寄托，如果被遗忘或者丢失，将是我们民族文化传承的重大损失。

通过宣传和弘扬“善文化”，我们能够让年轻一代了解嘉善传统人文美德的内涵，让这些美德在现代社会中得以延续和发展。

另一方面，这也是弘扬时代精神、引领道德价值取向的需要。现代社会虽然科技飞速发展，人们的物质生活水平不断提高，但同时也面临着诸如道德滑坡、人际关系冷漠等诸多问题。在这样的背景下，“善文化”就像是一股清流，能够为社会注入正能量。

当我们弘扬“善文化”时，就是在倡导一种积极向上、充满人文关怀的价值取向。它能够引导人们在追求个人利益的同时，关注他人、关注社会，促进整个社会形成良好的道德风尚，让人们在这个快节奏、高压力的时代里，感受到人性的温暖与美好。

拓展阅读

浙江嘉善，是一片拥有独特地域文化的土地，在漫长的发展历程中，孕育并传承着众多传统人文美德，而“善文化”便是其中的精髓所在。它不仅仅是一种抽象的概念，更是实实在在地体现在嘉善人民的生活方式、人际交往以及社会风俗之中。在嘉善的传统村落里，邻里之间相互帮助、守望相助的故事代代相传。哪家遇到了困难，其他村民总会毫不犹豫地伸出援手，或提供食物，或帮忙劳作，这种基于“善”的互助精神，成为维系整个村落和谐稳定的重要纽带。

君子以文会友，以友辅仁。

出处

《论语·颜渊》

译文

高尚的人凭借文章学问结识朋友，
通过朋友辅助仁德的提升。

解读　这句格言强调了交友要结交有学问和修养的朋友，才能互帮互助，共同成长和进步。

“以文会友”之深意，在于借助学识来结交心灵相通的挚友，彰显的是文化交融中结交志同道合的朋友。

“以友辅仁”则寓意在朋友间的相互帮助与鼓舞下，共同精进个人的仁德修养。

古往今来，这句格言在文人墨客的交往中被频繁引用，成为一段段佳话。诸如王羲之与挚友于兰亭雅集中挥毫泼墨；李白与杜甫以诗会友，情谊深厚。又如韩愈与张籍，师生情深，亦是文友相惜。这些故事无不生动诠释了“以文会友，以友辅仁”的精髓。

在《礼记》的智慧中，有这样的训诫：“燕朋逆其师，燕辟废其学。”若我们选择与德行有亏的人交往，便容易违背师长的谆谆教诲；而与不良之友探讨不正经的琐事，则会让我们的学业之路荆棘丛生。

在现实生活中，这样的场景屡见不鲜。反观伏尔泰的名言：“人世间的一切荣华富贵不及一个好朋友。”真正的朋友，犹如一面明镜，映照出我们的内心世界。以学识为媒介结交朋友，以朋友的情谊来辅助仁德，这样的友情，能够拂去我们心灵的尘埃，驱散前行路上的迷雾，拓宽我们的知识视野，砥砺我们的品格，使之更加坚韧不拔。

拓展阅读

“燕朋逆其师，燕辟废其学”出自《礼记·学记》。“燕朋”指的是那种只知道玩乐、不务正业，在一起只是相互嬉戏玩耍而没有正经的、积极向上的学习交流目的的朋友关系。“逆其师”意思是这样的朋友相处模式以及由此养成的不良习性，会与老师所教导的正道相违背。因为老师传授的往往是知识、道德规范、为人处世的正确道理等，而和只知玩乐的朋友混在一起，就容易背离这些正确的教导。“燕辟”指一些不合于正道的、偏邪的、只是为了寻求刺激或满足一时玩乐欲望的邪僻行为或话语等。“废其学”指如果沉迷于这类燕辟的行为、话语，就会荒废自己的学业。这句格言主要是在强调社交环境以及自身行为对于学习的重要影响。

与人善言，暖于布帛；伤人以言，深于矛戟。

出处

《荀子·荣辱》

译文

对别人说友善的话，就让人感觉比身穿布帛还要温暖；用恶语伤人，比用长矛利戟对人的伤害还要严重。

解读 这句格言强调了用温暖的语言去传递善意和关怀的重要性。

“与人善言，暖于布帛”指在人际交往中，当我们用尊重和礼貌的语言与他人交流时，对方会感受到我们的善意和关怀。这种温暖的语言不仅能够增进彼此之间的了解和信任，还能够促进情感的交流和深入。

“伤人以言，深于矛戟”指用尖酸刻薄、恶语伤人的言辞去对待他人，会给对方的心理带来很大的伤害。这种伤害会破坏原本和谐的人际关系，留下难以愈合的心灵创伤。

语言文字可以用来传递信息，加之语调、语气、神态就会千变万化，既能如和煦春风，温柔地抚慰人心，又能像锋利的刀刃，无情地割裂情感。常言道：“良言一句三冬暖，恶语伤人六月寒。”（《增广贤文》）这足以说明，个人的言谈举止务必审慎，因为它是衡量品德修养的一把标尺。

修养深厚之人，秉持尊重他人的原则，他们总是用善良的话语去交流，让听者为之动容，或备受鼓舞，或迷途知返，或阴霾尽散，重见欢颜。反之，修养浅薄之辈，往往自私自利不顾及他人的承受能力，言语间肆意妄为，更有甚者，以恶语相向，伤人至深，这无疑会加剧人际关系的紧张，使得人与人之间的和睦相处成为奢望。

春秋时期，大臣弦章劝谏齐景公不要酗酒，他的劝谏方式较为直接和激烈。晏子对齐景公说：“弦章能遇到您真是太幸运了！如果他遇到的是夏桀、商纣那样的暴君，他早就被处死了。”齐景公听后意识到自己的错误，停止了饮酒。晏子的劝谏方式巧妙、温和，既维护了君主的尊严，又达到了劝谏的目的。

生活中，我们每个人都是语言的编织者和演绎者，而我们的一言一行，不仅塑造着与他人的交往模式，更在潜移默化中勾勒着我们的人生轨迹。在人与人的言谈举止中，多些友善的语言和善意的行为，对人会产生巨大的鼓励和能量。

拓展阅读

荀子作为杰出的唯物主义思想家，其思想极具开创性。他秉持“天道自然”的观点，认为天是自然的存在，无神秘色彩。“天行有常”更是其核心思想，强调宇宙运行有不依人意志改变的规律，如“不为尧存，不为桀亡”，且规律客观，社会治乱兴衰取决于人自身作为。在此基础上，荀子积极倡导发挥人的主观能动性，提出“制天命而用之”，主张人应认识并利用自然规律改造自然。虽未明确说“人定胜天”，但此思想已蕴含其中，体现出他对人类能战胜、驾驭自然，让自然服务人类的坚定信心，不信鬼神的他充分肯定了人的力量。

不吹毛而求小疵，
不洗垢而察难知。

出处

《韩非子·大体》

译文

不要吹开皮上的毛发去寻找其间的小疤痕，不要洗掉污垢去细察难以知晓的毛病。

解读 这句格言强调待人要友善宽容，不要苛责他人。

在工作中和同事合作不吹毛求疵才能发挥团队的力量；在家庭中要以宽容的态度对待亲人才能有一个爱的港湾；在社会中对别人宽容理解才能让社会更和谐。

在人生的旅途中，并非每一个角落都需要我们细究深挖，有时候，怀揣一份适度的朦胧与宽容，或许能让我们步伐更为轻盈、自在前行。不苛求细枝末节，不刻意挖掘瑕疵难处，这彰显了一种生活的哲思，一种宽广的人生视野。

战国时期，魏文侯准备任用乐羊攻打中山国。中山国，地处要冲，资源丰富，其战略地位对于魏国而言至关重要。若能将其纳入版图，不仅能增强魏国的国力，还能为进一步的扩张打下坚实的基础。魏文侯选中的主将乐羊，是一位智勇双全、战功赫赫的将领。然而，乐羊之子乐舒在中山国担任要职。消息一出，朝野上下，议论纷纷。许多人对此表示担忧与不解，他们认为，乐羊与中山国有着如此深厚的渊源，如何能保证他在战场上能够全力以赴，不留情面？更有甚者，担心乐羊会因为亲情而临阵倒戈，或是故意放水，导致魏国大军失利。面对这些质疑与反对的声音，魏文侯却显得异常坚定。他深知乐羊的忠诚与勇敢，更明白在国家大义与个人情感之间，乐羊作为一位真正的将领，会以国家利益为重，将个人的情感置于一旁，全力以赴地完成使命。于是，魏文侯力排众议，毅然决然地任用乐羊为主将，率军攻打中山国。乐羊也没有辜负魏文侯的信任与期望，他率领魏军，英勇奋战，最终攻克了中山国，为魏国赢得了这场重要的胜利。

这个故事说明，摒弃无谓的挑剔与猜疑，人们就能以一颗友善包容的心接纳生活的不尽人意，人们方能在这纷扰多变的世界里，寻觅到属于自己的那份安宁与满足。

拓展阅读

《韩非子·大体》的核心思想，影响了后世的法律制度和政治文明建设。主要体现在：一、法治思想。韩非子认为法律是治理国家的根本之道，主张通过制定明确而严厉的法律来统治社会。二、君主专制。韩非子认为君主必须有权有势，才能治理天下，主张国家的大权应集中在君主一人手里，但君主不能滥用权力，应依法律制度行事；主张君主要“法”“术”“势”三者并用。三、人性本恶。韩非子继承了荀子性本恶的观点，认为民众的本性是“恶劳而好逸”。他主张以严刑峻法于民；反对用儒家的仁义道德来感化民众和仁义治国的主张。四、耕战思想。韩非子认为劝民农耕才可靠，奖励军功才能强大军队，主张奖励耕战。五、历史观和国际战略。韩非子认为人类生活是一个不断发展变化的过程，有其内在规律，统治者应该根据历史发展规律来制定政策。

白头如新，倾盖如故。

出处

西汉·邹阳《狱中上梁王书》

译文

有的人相处到老还是和新认识的一样没有友情，有的人停车交谈便一见如故。

解读 这句格言阐述了友情并不是由人们相处的时光长短所定。

“白头如新”并非岁月无情，而是心灵的隔阂难以逾越。或许是因为彼此的经历、观念大相径庭，即便共度多年时光，也难以找到共鸣的火花。他们的相处，总是客气而疏离，缺乏那份源自心底的亲近与温暖。

“倾盖如故”则是一种难得的默契与投缘。它不问过往，不计前程，只在乎当下的心灵交汇。在那一刻，仿佛整个世界都为之静止，只有两颗心在悄悄地靠近。他们无需多言，便能理解对方的喜怒哀乐，无需刻意，便能感受到彼此的支持与鼓励。

人生的长河中，我们总会遇到各式各样的人。有的人，即便岁月流转，白发苍苍，彼此间却仿佛初识，难以深交；而有的人，一见如故，即便只是短暂的车盖相接，也能立刻倾诉衷肠，心灵相通。这便是“白头如新，倾盖如故”的奇妙缘分。

据《左传·襄公二十九年》记载，春秋时期，吴国公子季札出访郑国，与郑国大夫子产初次相见便如同老友重逢。季札赠予子产白绢大带，子产则回赠麻布衣服，以表友情。两人敞开心扉，彼此畅谈对国家、社会治理的见解和举措，那种熟悉、契合的感觉就好似早已相识多年的老友，完全不像初次见面。两人这种“倾盖如故”的缘分，是建立在彼此真诚相待的基础上的。

“白头如新，倾盖如故”这八个字道尽了人与人之间的复杂情感。它提醒人们，在人生的旅途中，要珍惜那些能够与我们心灵相通的人，同时也要学会善待那些无法走进我们内心世界的人。每个人都是独一无二的个体，都有着属于自己的故事和轨迹。让我们以一颗包容和友善的心，去迎接每一个出现在我们生命中的人吧！

拓展阅读

西汉时期，梁孝王刘武为汉景帝同母弟，他广纳贤才，邹阳等辞赋家皆慕名前往。后来，邹阳受人诬陷，被梁孝王下狱，面临杀身之祸，于是邹阳在狱中写信向梁孝王表明自己的忠心和冤屈。面临生死危机，邹阳先以荆轲、卞和等诸多历史人物尽忠却蒙冤的事例，诉说自己忠诚却被疑的悲愤。接着阐述相知与信任的重要，如樊於期为信陵君效死，表明君臣相知可免浮辞动摇。又指出偏听谗言危害极大，像鲁国逐孔子、宋国囚墨翟。最后期望梁孝王能去除骄心，明察秋毫，广纳贤才，信任忠直之士如自己，莫让奸佞得逞，以免国家生乱，充分展现了邹阳渴望洗清冤屈及对梁孝王的劝谏之意。

义士不欺心，仁人不害生。

出处

西汉·刘向《说苑·谈丛》

译文

道义之士不欺骗自己的内心，仁爱之人不伤害生命。

解读 这句格言说明，真正的友善来源于对正义和仁爱的不懈追求。德行修养深厚、信念坚定之人，表达的友善不仅是表面上的礼貌、友善，更没任何功利性。

“义士不欺心”是说仁义之人无论在何种情况下，都不会做出违背道义的事情。在无人瞩目的暗角，真正的义者仍会以良知为灯塔，以道德为罗盘，指引自己的行为轨迹，确保每一步都无愧于心，无违于道。只有这种人，才能基于内心的真诚，光明磊落地为人处世，没有任何的虚情假意和欺骗。这正是友善得以可持续的原动力。试想，一个对自己都不真诚的人，怎么会理解尊重他人，怎么会有真心实意的友善呢？

回溯三国风云人物刘备的言行举止，便是这一信念的生动注脚。在“刘皇叔携庶民渡江，赵子龙孤胆救幼主”的传奇篇章中，刘备面对曹操抛来的橄榄枝，毅然选择了与民同行，共渡难关，而非为个人安逸而背弃初心，这份坚持与真诚，不仅彰显了其人格的高洁，更深深触动了世人的心弦，赢得了广泛的敬仰与追随。这不仅是一段历史的记录，更是对高尚品德与不朽精神的歌颂。

“仁人不害生”则强调了仁者对生命充满敬畏和尊重，不会为了自己的利益伤害无辜的生命。孔子曾说：“志士仁人，无求生以害仁，有杀身以成仁。”志士仁人，不会为了求生违背仁义道德，但能以牺牲生命去维护仁义道德。这说明，在纷繁复杂的社会洪流中，只有坚守对生命的敬畏和尊重，才能坚定不移地遵循正义与诚实，以善德善行，彰显出超凡脱俗的品德与生命的价值。

公元前 200 年，赵王遭汉高祖辱骂，宾客田叔等人鼓动其造反。赵王坚决不同意，他咬破自己的手指，说："没有陛下，我们会死后尸体生蛆，无人收尸，你们怎么能说这样的话呢？不要再说了！"众人暗谋弑君，事泄后多人自杀，田叔却要为赵王申冤。被押京城后，酷吏逼他指认赵王为主谋，田叔坚称赵王不知情，虽遭严刑拷打仍说实话。经查证，赵王无辜，获汉高祖赦免。田叔忍辱负重，终还赵王公道，赢得高祖称赞，得赵王以友相待。他如此行事皆因内心"仁义"。可见，人与人交往，不计利害，说公道话、友善待人，必定获得他人坦诚接纳。

环视当下，充盈着各式各样的善行良机，等待人们去把握。这些善行不仅能为他人的世界点亮希望之光，更能滋养人们的内心世界，使人生愈发丰盈饱满。

拓展阅读

刘向，西汉时期著名经学家、目录学家、文学家，官至中垒校尉，奉命领校皇家藏书，所撰《别录》，为我国最早的图书公类目录，在此基础上选择、整理出一部杂著类编《说苑》。

《说苑》的主要内容是依据先秦至汉初流传的典籍所载逸事和论说编撰而成。其中年代、史事与传世文献之文字多有不同，应该是经过刘向的改写或因资料来源不同所致，所谓“更以造新书十万言以上”。因此不能认为《说苑》与他所编校的先秦典籍《战国策》《国语》之类等同，而应确定其为刘向的“编撰”之作。

《说苑》二十卷，各卷皆有标题，依次编排为：君道、臣术、建本、立节、贵德、复恩、政理、尊贤、正谏、敬慎、善说、奉使、权谋、至公、指武、谈丛、杂言、辨物、修文、反质。每卷前面的几条，一般都用提纲挈领的论说或相关的逸事来点明卷题，并揭示该卷的思想内容。凡是以论说方式点明卷意的，应该都出自刘向的手笔。

高山流水遇知音。

出处

南宋·张孝祥《丑奴儿·玉节珠幢出翰林》

译文

在高山和流水的相遇中，找到了那个真正了解自己、与自己心灵相通的人。

解读 这句格言表达了知音难觅的情感，更是对人与人之间纯粹精神共鸣的一种至高诠释。

“高山流水遇知音”的字面意思是，高山上的流水，借山势往下流动时产生了声响，这就是“知音”。“知音”是借喻，指伯牙与锺子期。“知音”的“音”，指古琴之音。伯牙善鼓琴，锺子期善听，两者相遇，合成知音。后来锺子期去世，伯牙认为世间再没有懂他的人了，于是破琴绝弦，不再弹琴。

“高山流水”比喻知己或知音，指精神上的知音而不是物质上的知音。这种精神的知音，在精神、毅力上相互支撑和辅助，一方的存在能为另一方解决心灵困顿、提供精神动力，以促进共同进步和发展。

孔子周游列国时，在陈蔡之间被围困多日，粮食断绝，极为艰难，弟子们多有怨言，士气低落，孔子也深感迷茫。颜回说：“先生的理想伟大，不能被人容纳，是当权者们的羞耻，不被容纳才显示出您作为君子的伟大！”孔子听后，深受鼓舞。颜回的话激励了所有随行弟子，他们在精神上相互鼓励，共渡难关。这说明，真正的力量来自内心的坚定与相互之间的理解支持。

当今社会，信息爆炸，人与人之间的交往看似频繁，实则往往浮于表面。人们认识形形色色的人，却鲜少能遇到那个真正可以灵魂交流的知音。

真正的“知音”能在你奏响生活的高山流水之曲

时，捕捉到每一个音符背后的情感和寓意。这种纯粹的友谊可遇而不可求，我们要用心去寻觅，去守护。

拓展阅读

古代五音指宫、商、角、徵、羽。它们不仅是音乐构成的基础元素，还深深植根于中华文化的土壤之中，与古代哲学、天文学、医学等多个领域有着千丝万缕的联系。宫：五音之首，通常对应现代音乐理论中的某个基准音或主音，象征着中央、稳定和庄重。在五行中，宫音往往与土元素相对应，代表着大地的宽广与厚重。商：紧随宫音之后，其音色清亮而略带哀愁，常用来表达深沉的情感或秋日的凄凉。在五行中，商音与金元素相对应，象征着金属的坚硬与清冷。角：角音清脆悦耳，如同初生的嫩芽或初升的朝阳，充满了生机与活力。在五行学说中，角音与木元素相关联，寓意着生命的成长与希望。徵：徵音激昂高亢，富有激情与力量，常用于表现喜庆、欢乐或激昂的情绪。在五行中，徵音与火元素相对应，象征着火焰的热情与光明。羽：羽音轻柔悠扬，如同水波荡漾或微风拂面，给人以宁静与舒适的感觉。在五行学说中，羽音与水元素相关联，代表着水的流动与温柔。这五音不仅构成了古代中国音乐的基本框架，还通过其独特的音色与情感表达，深深影响着古代文人的创作与审美。

五　乐助人

投我以木桃❶，报之以琼瑶❷。

出处

《诗经·卫风·木瓜》

注释

❶ 木桃：果名，比木瓜小，又名狭叶木瓜。

❷ 琼瑶：美玉，泛指精美的东西。

译文

你将木桃投赠我，我拿琼瑶作回报。

解读 这句格言不仅是对美好情谊的颂扬，更强调了人与人之间的互助和感恩。

“投我以木桃”不仅象征着出于友情、爱情或其他情感的表达而获赠的礼物，更象征着在人生的旅途中，那些愿意伸出援手、给予他人帮助的具有真正情谊的友人。这些帮助即使微不足道，却如同那枚质朴的木桃，蕴含着真诚而深厚的情谊与关怀，给人生活的信心和力量。

“报之以琼瑶”不仅表达了诗人把更为珍贵的礼物回报对方的好意，还表达了对对方馈赠和帮助的感激与珍视。

这种感恩、回馈背后体现的是心心相印，是精神上的契合，是一种人类高尚的情感。

春秋时期，卫国有一位备受尊敬的贤士，名叫公子荆。他为人谦逊有礼、重情重义，深受百姓爱戴。一日，一位穷困潦倒的老者路过他的府邸，因饥饿难耐晕倒在门口。公子荆闻讯后，立即命人将老者扶起，并请来大夫为其悉心诊治。待老者苏醒后，公子荆不仅赠送了衣物和粮食，还赠予他一袋珍贵的草药，帮助他恢复健康。数年后，卫国遭遇大旱，庄稼颗粒无收，百姓苦不堪言。公子荆家中也难以幸免，存粮日渐减少，忧心忡忡之际，那位曾经受过他恩惠的老者带着一群村民前来。他们带来了从深山里采集的奇珍异果与罕见药材。老者说：“当年公子您救济了我，如今我定当回报。”这个故事不仅展现了公子荆的仁德之心，也体现了村民知恩图报的美好品德，成为流传至今的动人篇章。

“投我以木桃，报之以琼瑶”彰显了人生的智慧与哲理，它不仅让人们感受到古人对人际互助关系的深刻理解，还教会人们如何以更加真诚、炽热的情感，去珍惜和对待身边的每一个提供帮助与馈赠的人。

拓展阅读

《诗经·卫风》是《诗经》中的“十五国风”之一，共十篇，主要收录卫国地方民歌，反映了卫国人民的生活和情感。其内容多样，涉及婚恋生活、女性形象、君子品德等主题。艺术上，它以四言为主，节奏明快，善用比兴手法，对后世文学影响深远。作为中国古代诗歌的瑰宝，《诗经·卫风》是研究先秦社会风貌的重要资料，其中所蕴含的思想观念与人文精神，对我们今天的生活仍然具有重要的启示意义。如君子之道、贤人之志、爱情观与婚姻观等，都是值得我们深入思考与借鉴的宝贵财富。

辅[1]车[2]相依，唇亡齿寒。

出处

《左传·僖公五年》

注释

❶ 辅：颊骨。

❷ 车：齿床。

译文

颊骨和齿床互相依附，嘴唇没了，牙齿就会寒冷。

解读 这句格言强调了处于一个共同体之中的人互帮互助的重要性。人与人之间只有互帮互助才能共渡难关、共同进步，否则没有人能够置身事外、独善其身。

“辅车相依”形象地表达了关系密切的事物必须相互依存和扶持，才能存在和发展。“唇亡齿寒”形象地表达了两个相互联系、命运与共的事物之间，若一方受损另一方必然随之受难的关系。

这种关于相互依存、利害相关的理念，不仅在《左传》中有所体现，早在《周易》中，就已经蕴含了事物之间息息相关、相互影响的深刻思想。“天尊地卑，乾坤定矣；卑高以陈，贵贱位矣；动静有常，刚柔断矣；方以类聚，物以群分，吉凶生矣。”这段话精辟地阐述了天地、乾坤、动静、刚柔等事物之间的微妙关系，强调了万物之间相互依存和分类的原则。它揭示了一个道理：世间万物并非孤立存在，而是彼此关联、相互作用的。

不仅人与人之间、国家与国家之间存在着休戚与共的关系，人与自然之间的关系亦是如此。老子提出的“道法自然”和“相反相成”的思想，更是将这一理念提升到了哲学的高度。老子认为，宇宙万物皆遵循自然法则，这一法则称为“道”。人们应当顺应自然规律，不要违背自然的节奏，因为万物都是相互依存的，任何违背自然规律的行为都可能导致失衡，进而引发不良后果。这提醒我们，尊重规律、顺应自然，才能实现和谐共生。

拓展阅读

春秋时期诸侯纷争不断，战火连绵，晋国的两个邻国——虞国和虢国关系亲密，它们彼此扶持，互为屏障，共同抵御外敌。贪婪的晋献公觊觎虢国富饶的土地，心生一计，决定先向虞国借道攻打虢国。虞国的大臣宫之奇看穿了晋献公的阴谋，极力劝阻虞君："虢国是我们的重要屏障，一旦虢国灭亡，虞国也难逃厄运。"但虞君被晋献公送来的美玉宝马所迷惑，答应给晋国借道。晋军顺利攻下虢国后，突然发动袭击，轻而易举地灭掉了毫无防备的虞国。虞君被俘，宝马和美玉，又回到了晋献公手中。虞君这才恍然大悟，却为时已晚。这一历史事件警示着人们：面对利益诱惑时，不可短视，应珍惜与盟友之间的关系，否则终将自食恶果。

夫仁者，己欲立而立人，己欲达而达人。

出处

《论语·雍也》

译文

仁德之人，自己想要事业有成，也帮助别人成就事业，自己想要事事通达，也帮助别人通达。

解读 这句格言阐明了人与人的相互帮助就是实现仁爱的最好方法。

这是子贡在请教孔子仁的问题时，孔子提出的经典名言。子贡曰："如有博施于民而能济众，何如？可谓仁乎？"子曰："何事于仁，必也圣乎！尧舜其犹病诸。夫仁者，己欲立而立人，己欲达而达人。能近取譬，可谓仁之方也已。"

子贡说："广泛地施恩于百姓，并且能够帮助众人解决困难。可以说是仁了吗？"孔子说："岂止是仁人干的事呢，那一定是圣人所为了！尧和舜还都担心做不到呢！仁德之人，自己想要事业有成，也帮助别人成就事业，自己想要事事通达，也帮助别人通达。凡事能够推己及人，可以说是实行仁道的方法了。"孔子在这里说到了帮助人的两个境界，一个是"博施于民而能济众"，一个是"己欲立而立人，己欲达而达人"。

"博施于民而能济众"是孔子的理想追求。要做到"博施于民而能济众"，必须同时具备三个条件：一是要有源源不断的物质财富，二是要有崇高的社会地位，三是要有大公无私的精神境界和社会责任感。

"己欲立而立人，己欲达而达人"是乐于助人的一种境界。这种境界，只要具备了将心比心，推己及人的方法就能实现，不需要物质基础。

在家庭中，我们可以关心家人的健康和需要，给予他们力所能及的关爱和分担。在学习或工作中，与同学或同事分析分享自己取得成绩或成就的经验和知识，帮助他们提升自己的能力。在社会活动中，我们可以积极参与公益活动，为弱势群体的需求提供帮助和支持。

中国著名的翻译家、作家、教育家、美术评论家傅雷曾说过：“人的伟大之处在于帮助别人，我们接受高等教育的目的不是为了攫取，而是为了更好地帮助别人。”

成为一个有爱心的人，并非遥不可及或难以企及，只要秉承“己欲立而立人，己欲达而达人”的理念，根据他人的需要，尽己所能帮助他人就行了。

拓展阅读

《孔子家语·五仪解》中孔子阐述了圣人的德行表现：“所谓圣者，德合于天地，变通无方，穷万事之终始，协庶品之自然，敷其大道，而遂成情性；明并日月，化行若神，下民不知其德，睹者不识其邻，此谓圣人也。”所谓圣人，就是其德像天地一样自强不息、厚德载物，其行遵循自然规律，变通自如，探究自然万物的规律，顺应自然万物的本性，广施大道以成就万物的性情。他们如日月那样光明，如神灵那样化行天下。老百姓不知道他的高尚德行，即使在身边也不知道他是圣人。这便是圣人。

君子周急不继富。

出处

《论语·雍也》

译文

君子要帮助那些生活急困之人，
不周济富人使之更富。

解读 这句格言，传达了一种更加公正、无私助人的深刻理念。

“子华使于齐，冉子为其母请粟。子曰：‘与之釜。’请益。曰：‘与之庾。’冉子与之粟五秉。子曰：‘赤之适齐也，乘肥马，衣轻裘。吾闻之也：君子周急不继富。’”公西华出使齐国，冉求为其母亲请求补助粮食，冉求给出了超乎孔子想象的补助。孔子认为公西华出使时乘坐着壮硕的马拉的车，穿着轻便华美的衣裳，生活并不算贫苦，所以他认为应该救济那些物质生活急困的人，而不是救助那些富有之人，让富有的人更加富有。这体现了孔子在帮助他人时，遵循公平正义的理念。只有遵循公平正义去帮助他人，才是爱心的表现。

“周急”强调了帮助的对象是遭遇紧急困难或急需帮助之人。这体现了没有任何功利和目的的爱心。常言道：“贫居闹市无人问，富在深山有远亲。”（《增广贤文》）在他人身处艰难处境时，很多人为了减轻负担避之不及，这时能够对急困之人伸出援助之手必定是爱心之举。这种帮助对被帮助者来说意义重大，不但让被帮助者渡过难关，更能给予鼓舞和信心。“周急”不仅展现了君子的社会责任和道义担当，更体现了君子的仁爱。

“不继富”强调了财富帮助的均衡性。孔子历来主张“不患寡而患不均”，财富的分配不怕少，就怕分配不均衡。帮助的目的不仅是爱心的表达，更是为了解决困难、渡过难关。“不继富”是基于对生存、发展所需物质财富的的深刻认知。孔子认为，帮助富人更富，不仅使社会财富分配不均衡，带来更大贫富差距，更有可能助长富人贪婪和享乐之风，不利于富人的德行修养和社会的稳定和谐。要将有限的资源和精力，用于那些真正需要帮助的人，才能实现帮助人的目的性，让救助资源发挥最大的社会效益。

“君子周急不继富”这句格言告诉人们在明确助人目的性的前提下，平等对待每一个被帮助者，要根据他人的实际需要给予帮助。这种助人理念，不仅有利于激发社会的正能量，更能促进社会的和谐与进步。

拓展阅读

“不患寡而患不均”出自《论语·季氏》，“闻有国有家者，不患寡而患不均，不患贫而患不安。盖均无贫，和无寡，安无倾。”拥有邦国封邑的诸侯和拥有家族封邑的大夫，他们不担忧东西少而担忧分配不均，不担忧贫困而担忧社会不安全。若是财富分配合理，便无所谓贫穷；境内和平团结，便不会觉得人少；境内平安，国家便不会倾危。这里谈到了领导者治理要考虑到的三个问题：一是财富分配要公平，二是民众和谐相处有凝聚力，三是整顿社会秩序维护政权稳定。

君子成人之美，不成人之恶。

出处

《论语·颜渊》

译文

君子成全别人的美善之事，不成全别人的丑恶之事。

解读 这句格言强调了帮助他人要区分是非善恶，不是他人有求必有助，只帮助他人成就好的事情，不去帮助他人做坏事。

“成人之美”重点在“美”上，这个“美”指的是真、善、美的愿望或活动。这种愿望或活动，对他人和社会没有危害，有助于个人的成长和进步，还有利于社会的和谐与美好。面对这种真善美的愿望和活动，君子总是想着尽力为别人创造条件，成全别人的善德善行之事。

这种君子成人之美，不仅体现君子的博大情怀和对他人的关怀尊重，更能给被帮助者带来情感上的支持和信任，让其对生活和事业发展充满信心，加倍努力学习和工作，以回报帮助者和社会。

据《吕氏春秋》记载，被孔子誉为“古之良大夫也”的晋国权臣赵盾在外面打猎时，看到桑树下躺着一个因饥饿而奄奄一息的人，赵盾拿出随身带的食物给他吃。那人只吃了一半，要把另一半留给家中老母吃。赵盾了解情况后又给那人一些食物带回家。三年后，晋灵公想除掉赵盾，赵盾逃亡后，被一名士卒追上。士卒一看是赵盾，不但不追杀，反而以死保护赵盾逃亡。原来这名士卒，就是当年被赵盾救助躺在桑树下奄奄一息的人。

“不成人之恶”，重点在不成，因为不好的愿望或活动，不仅不利于个人健康成长，还可能影响社会公平正义，甚至导致不好的社会风尚。学生期末考试时，有同学企图通过作弊，获得不真实的优异成绩。这种不诚实、不公平的活动，必须制止。“不成人之恶”展现的不仅是一种美德，更是一种维护社会公平正义、反对歪风邪气、弘扬正能量的责任担当。

“君子成人之美，不成人之恶”不仅为人们提供了帮助他人的准则和道德指南，还教导人们要有是非善恶标准，坚守正义，心怀善良、具有维护社会公平正义的责任担当，不参与不利于他人和社会文明进步的活动。只有这样，才能建成一个更加美好、和谐、充满善意的社会。

拓展阅读

赵盾（？—前602），又称赵宣子，古代杰出的政治家、战略指挥家，晋国第一位权臣。受博学的父亲赵衰和英明的姨父重耳的影响，年幼时的赵盾就知书达理，温文尔雅。赵盾自其父赵衰去世后，便世袭其父赵衰的政治地位，历晋襄公、晋灵公、晋成公三朝，集军政大权于一身长达二十年，以其卓越的才能和坚定的意志，维护了晋文公开创的晋国霸业，被孔子誉为“古之良大夫也”。他在晋国执政期间，心胸宽广、仁爱厚生，对人不分贫贱富贵，他都能用一颗真诚的心，给予力所能及的帮助和照顾，深受民众爱戴、拥护。

赠人以言，重于金石珠玉。

出处

《荀子·非相》

译文

赠送别人有益的善言美语，比金银珠宝更有价值。

解读 这句格言说明，人所需要的帮助不局限于物质层面，还有精神层面的需要。对他人精神层面的帮助和鼓励，远大于物质层面的帮助和支持。

人的社会性特点决定了人的需要是多维的。物质层面的需要是人生存和发展的前提和必备条件，但决定人的发展空间和潜能的关键在于人的精神追求和意志力。

人有了精神追求，才能有远大的理想和目标，才能有源源不断的动力，才能不断学习新知识、掌握新技能，为个人的发展提供广阔的空间。

“赠人以言”中的“言”，不是普通的话语，而是指蕴含深刻哲理、启迪人心、能够触及人们心灵深处且引发共鸣的金玉良言。能够赠予这种金玉良言的人，必定有着丰富的人生智慧和仁爱之心。

据《史记·老子韩非列传》记载，孔子27岁时去东周的首都洛邑拜访老子，向老子畅谈了自己的人生理想和思想，老子听后在送别孔子时说：“去子之骄气与多欲，态色与淫志，是皆无益于子之身，吾所以告子，若是而已。”

孔子当时年轻气盛，对匡扶天下充满自信，言语中透露出了一种藐视一切的高傲气质和不切实际的憧憬。这与老子所主张的清静无为、谦逊低调的处世哲学不适。老子主张，真正的君子应该深藏不露，不炫耀财富和才能。有大德之人也应该大智若愚，要隐藏自己的智慧和德行。老子根据自己丰富的人生阅历，以一个长者的身份语重心长地向孔子赠言告别。正是老子这一金玉良言，提醒了年轻的孔子，知道了为人处世需要谦虚低调、慎言慎行的道理，为孔子人生的成长指明了道路，使之最终成长为圣人。

这句格言启示人们：在现实生活、工作、学习中，当遇到邻居、同事、同学思想消极情绪低落的时候，一句善意的话语能够连接人心传递智慧，激发情感，激活人的潜能。人生中的贵人，往往就是一句金玉良言点醒了你的人。

拓展阅读

《史记·孔子世家》记载了老子对孔子的临别赠言："吾闻富贵者送人以财，仁人者送人以言。吾不能富贵，窃仁人之号，送子以言，曰：'聪明深察而近于死者，好议人者也。博辩广大危其身者，发人之恶者也。为人子者毋以有己，为人臣者毋以有己。'"即我听说富贵的人送行时赠的是钱财，品德高尚的人送行时赠的是良言。我不富贵，私下里冒用仁人的名义，送给你几句话吧：聪明而看问题透彻的人会经常受到死亡的威胁，因为他喜欢议论别人；博学善辩、见识远大的人会经常遭遇危及祸患的困境，因为他喜欢揭发别人的罪恶。作为子女，不要太自私把自己放在最高位置，以自我为中心，应该心怀父母；作为臣子，不要把自己的利益放在第一位，应一心为君主着想。

闻徵音❶，使人乐善而好施。

出处

《史记·乐书》

注释

❶ 徵音：中国古代五音之一。

译文

听到徵音，让人懂得乐于行善，愿意去帮助别人。

解读 这句格言阐述了通过音乐教化，培养人乐善好施德行的途径，强调了音乐对人的教化作用。

徵音，按照《黄帝内经》的说法："心属火，在音为徵，在志为喜。"心与火相对应，心对应的音乐音调是徵音。徵音具有旋律层次分明、和而美的音色，像火一样升腾，具有炎上的特性，入心与小肠经，可调节情绪、感染气氛，对调节心的功能产生积极影响。这种积极影响，能让人心生仁爱之心，仁爱之心能产生正义感、善意关怀和助人为乐的责任感，故称乐善好施。

儒家特别注重音乐的教化作用。"子在齐闻《韶》，三月不知肉味"（《论语·述而》）表达了孔子被音乐陶醉的状态；"子与人歌而善，必使反之，而后和之"（《论语·述而》）表达了孔子常向别人学习音乐的情景；"孺悲欲见孔子，孔子辞以疾，将命者出户，取瑟而歌，使之闻之"（《论语·阳货》）描述了孔子借用音乐表达了自己的态度；"陈蔡之间""不得行，绝粮。从者病，莫能兴。孔子讲诵弦歌不衰"（《史记·孔子世家》）表达了孔子在危难之际也没有放弃音乐的教化作用。

"乐善好施"中的"乐善"指的是以做善事为乐、以帮助他人为乐，展现了善事善行的自觉性，没有任何的功利和外来的压力，完全来自个人内心的动力；"好施"则是指慷慨地给予他人，分享自己的资源，以帮助他人为爱好，表达了个人爱好的积极性和价值性。

“乐善好施”不仅展现了个人的品德和修养，还提升了个人的社会价值和影响力，更用自己的行动传递了正能量，为他人的进步发展和社会的文明进步作出了个人的贡献。

“乐善好施”在今天仍有重要指导意义。从社会层面来看，它启示我们要热心参与公益，奉献自己，帮助他人。对个人来说，“乐善好施”的行为，也是自我价值的体现。在这个过程中，我们既能帮助他人，救他人于危难中，同时我们内心也会有一种满足感，这种满足感会不断激励我们，使自身的价值在帮助他人、贡献社会的过程中得到升华。

拓展阅读

我国2000多年前的医学经典著作《黄帝内经》提出“五音疗法”。

五音疗法是在“天人合一”“乐药合一”“乐人合一”等中国整体观哲学思想基础上，运用五行（木、火、土、金、水）理论，将五音（角、徵、宫、商、羽）与五脏（肝、心、脾、肺、肾）、五志（怒、喜、思、悲、恐）有机地联系在一起，在遵循因人、因时、因地辨证施乐原则下，通过五音与人互动产生的心理、生理体验，来达到养生与防治疾病目的的一种传统音乐疗法。

每有患急[1]，常先人后己。

出处

西晋·陈寿《三国志·蜀书·许靖传》

注释

[1] 患急：祸患或危难的事情。

译文

每当有祸患或危难的事情发生，总是先关心别人，其次才是自己。

解读 这句格言体现了在他人面对困难和挑战时，能够挺身而出，关心帮助他人，为他人排忧解难的高尚品格，这也是仁爱思想的生动展现。

“陈国袁徽以寄寓交州，徽与尚书令荀彧书曰：‘许文休英才伟士，智略足以计事。自流宕已来，与群士相随，每有患急，常先人后己，与九族中外同其饥寒。其纪纲同类，仁恕恻隐，皆有效事，不能复一二陈之耳。’”陈国人袁徽寄身交州，他给尚书令荀彧写信说：“许文休乃英才伟士，智谋策略足以参与国家大事。自他流落交州以来，与众人生活在一起，每当遇到忧患危急之事，他总是先人后己，与亲族内外的人同饥共寒。他以人伦纲常对待同事，仁义宽厚同情他人，收效甚好，只是无法一一陈述而已。

人遇到危难时，首先考虑的是自我保护、规避风险，确保自身利益的安全。但心怀仁爱之心、大公无私、乐于助人之人在祸患或危难面前，展现出的是对他人和社会的责任感，常是“先人后己”。

“先人后己”中的人，并不只是自己的亲人，而是不计血缘和亲疏关系的每一个人。“先人后己”是一种高尚的利他行为。

“每有患急”时，人不仅要考虑个人的得失，更要思考这一患急对他人和社会可能产生的影响。在紧急情况下，即使个人安危没有保障的情况下，仁爱之心和助人为乐的理念，会驱使人们尽力为他人

提供规避风险所需的帮助。

“每有患急，常先人后己”的精神在历史的长河中有着丰富的体现，从古代的英雄豪杰到现代的志愿者、救援人员，他们都在用自己的行动，诠释着挺身而出、帮助他人渡过难关的人文关怀。

大禹三过家门而不入，为了抓紧时间治水，放弃回家看望妻子和孩子，这正是先人后己的仁爱思想的生动展现。春秋时期，儒家代表人物孔子将“仁”作为儒家思想的核心，在《论语》中，提及“仁”的地方多达 109 处，而“仁”本身就包含着先人后己的道德境界。在儒家“仁爱”思想的影响下，后世有许许多多践行“仁爱”思想的仁人志士。岳飞精忠报国，在金兵肆虐、山河破碎之际，他将个人生死置之度外，率领岳家军奋勇抗敌。“壮志饥餐胡虏肉，笑谈渴饮匈奴血”，一次次冲锋陷阵，只为护佑百姓安宁，收复失地。其舍己为国的精神，彰显了仁爱大义在民族危亡时刻的磅礴力量。

拓展阅读

《三国志》由西晋史学家陈寿所著，是一部记载曹魏、蜀汉、东吴三国的纪传体断代史，完整地记叙了自汉末至晋初近百年间中国由分裂走向统一的历史全貌，是二十四史中评价最高的“前四史”之一。

怜孤恤寡是一药，
矜贫救厄是一药。

出处

唐·释灵澈《大藏治病药》

译文

怜悯帮助孤儿寡妇，是一剂能够治愈社会伤痛的良药；怜悯贫苦之人、救助遇到灾难险境中的人是一剂能够带来希望和温暖的良药。

解读 这句格言强调了帮助弱势群体、扶危济困的重大社会意义。

“怜孤恤寡是一药”中的“孤”是幼年丧父母的孩子，寡是年老无依或失去丈夫的女人。这两类人在古代“鳏寡孤独”四穷中是最惨的。

在传统社会，孤儿没有父母之爱，缺少生活来源与情感寄托，生存之难可想而知。寡妇再婚不易，也难逃来自各方的欺凌与不公。因此，如何对待孤儿和寡妇这些最底层的弱势群体，既是评价人德行的依据，也是认识一个社会人情冷暖、公平正义的标准。

“矜贫救厄是一药”中的贫者是物质生活贫困的人，这种人可能有着很多其他方面的优点和长处，暂时的物质贫困影响了个人的进步和发展，需要有人帮助渡过物质贫困的困境。厄者指遭遇不幸或突发性事件而陷入困境的人，这种不幸和困境暂时影响了其生存发展的能力，也需要有人能够伸出援助之手。

这些贫者或厄者，一旦受到他人的帮助渡过难关、摆脱困境就可能对他人和社会作出重大贡献。“矜贫救厄”彰显的不仅是人性的光辉和社会的正义，还有可能是为社会保护、培养暂时因困境而被埋没的宝贵人才的仗义之举。

明朝的开国皇帝朱元璋，出身贫寒，父母早亡，在幼时最为困顿之际，得到好心百姓的食物和衣物的接济。这不仅帮助朱元璋渡过了生存的难关，更给予他心灵上的莫大鼓舞与希望，激发了朱元璋内心深处的坚韧与不屈。经过数年的奋斗，朱元璋成功推翻了元朝的残暴统治，建立了明朝。朱元璋虽做了皇帝，但没有忘记那些曾经帮助过他的百姓。为了减轻百姓负担，他推行了一系列有效缓解民间疾苦的治国之策，推动了社会的发展与进步。

朱元璋的故事说明，对他人的救助和帮助，不仅能激活一个生存艰难的人，也可能成为改变一个时代命运的关键。怜孤恤寡、矜贫救厄，是解决个人生存发展和社会问题的善方良药。

拓展阅读

田根全是陕西省西安市周至县的一位农民，2015年起，他自掏腰包免费为十里八村的困难老人提供早餐和午餐，并开辟了专门的文化娱乐和休息场所。每逢农历初一和十五，十里八乡的老人都会来这里“聚餐”，听秦腔、吃午饭、喝茶、聊天，最多的时候达三四百人。田根全用爱心和孝心，撑起一座“没有围墙的敬老院”，让老人们真正做到老有所依，老有所乐。在田根全的带领下，很多村民纷纷来敬老院当志愿者，村子里孝老爱亲的风气越来越好。

与人为善，乃为人之本，谁无缓急之事？

出处

《刘氏善举》

译文

为别人做好事，是做人的根本，哪一个人不会遭遇紧急的事情呢？

解读

《刘氏善举》是一篇具体创作年代和作者均无从考证的古代文学作品，旨在通过母亲刘氏救助相邻的善举故事，来传达善良与互助的精神。

“与人为善，乃为人之本”中的“善”是一种内心的善良、宽容和理解。只有这种发自内心的善，才能乐于助人、慷慨解囊为他人。“为人之本”突出强调了善良品质是人性中最本质、最核心的内容，是人之为人的依据。

善良能够赢得他人的尊重和信任，是人与人和谐相处的前提，是人融入社会的必备条件。内心善良是宽容、理解和乐于助人的原动力。后人所说的“古道热肠”（清·邹弢《三借庐笔谈·余成之》），也是“与人为善，乃为人之本”表现。

“谁无缓急之事”则强调了困难和挫折在每个人生活中都是常有的事。当人们遇到各种困难和挫折时，都有得到他人物质或精神上帮助、支持的渴望。

助人为乐，作为中华民族的传统美德之一，自古以来就深入人心。北朝魏齐时的李士谦，家庭非常富有，他为人慷慨，常周济百姓。有一年春荒，许多人家断了粮，李士谦拿出一万石粮食给乡里的缺粮户，可谓之“仗义疏财”。著名书法家王羲之在路上遇见一位贫苦的老婆婆，提着一篮竹扇在集市叫卖，却无人问津。王羲之深感同情，帮老婆婆在每把扇子上题了字。人们知道后纷纷围拢争抢购买，一篮竹扇很快被抢购一空。助人为乐这种美德，不仅体现在对他人的关心和帮助上，更在于它能够激发正面的情感力量，帮助他人解决生活中的种种困难。

助人为乐精神也是现代文明进步的重要标志。它不仅是构建和谐社会的重要基石，推动社会进步的重要动力，培养个人品德的重要途径，还是提升国家形象的重要手段。我们应该大力弘扬助人为乐精神，让它在现代社会中绽放出更加绚丽的光彩。

拓展阅读

《刘氏善举》原文：

刘氏者，某乡寡妇也。育一儿，昼则耕于田间，夜则纺织于烛下，竟年如是。邻有贫乏者，刘氏辄以斗升相济。偶有无衣者，刘氏以己之衣遗之。乡里咸称其善。然儿不解，心有怨言。母诫之，曰："与人为善，乃为人之本，谁无缓急之事？"母卒三年，刘家大火，屋舍衣物殆尽，乡邻给衣物，且为之伐木建屋，皆念刘氏之情也。时刘儿方悟母之善举也。

大意是：刘氏孤儿寡母，生活不易。刘氏勤于耕织，心地善良，经常接济穷困之人，她的儿子颇有怨言。刘氏告诫儿子，做好事是做人的根本，谁还没有紧急之时呢？刘氏去世三年，刘家遭遇大火，一无所有。乡亲们送衣送粮，还助其砍树建房，以怀念刘氏情意。此时，她儿子才真正理解母亲所为。

病人之病[1]，忧人之忧[2]。

出处

唐·白居易《策林》

注释

❶ 病：第一个“病”是动词，担忧、为……而苦恼；第二个“病”是名词，指疾病、病痛。

❷ 忧：第一个“忧”是动词“担忧、忧虑”；第二个“忧”是名词“忧愁、忧患”。

译文

担忧他人所患的疾病，为他人的忧愁而忧心。

解读 《策林》是白居易为准备科举考试，精心撰写的应试之作。但文章并非仅仅为了应试，更是出于对国家和社会的责任感以及对自身政治理想的追求，通过对各种问题的深入探讨，不断砥砺自己的思想和能力。

这句格言阐明了发自内心的关爱他人的精神，倡导在面对他人的不幸和困难时，应该保持一颗善良和知人的心，把他人之事当作自己的事情去对待，尽己所能去帮助、关爱他们，共同创造一个互帮互助、温暖和谐的社会。

“病人之病”的“病”不能简单理解为身体上的疾病、痛苦，还包括生活中的困难、不幸和发展中的困境、心理上的烦恼等。当看到他人遭受疾病痛苦或烦恼时，要有同情心和同理心，愿意站在他人的角度去理解，像对待自己一样给予关心安慰，并提供帮助。当邻居、同事生病时能主动问候，并力所能及地替其分担工作，并提供其他帮助。这种善意友好问候和帮助，体现的不仅是个人的爱心，更有利于构建互帮互助的和谐关系。

“忧人之忧”则是对他人内心忧愁的深刻理解与分担。生活中，每个人都会遭遇各种各样的困境，从而产生忧愁。这种困境来自多方面，或是事业上的挫折、家庭关系的困扰，抑或情感上的失落。这时需要排忧解难之人，才能走出困境，摆脱阴霾的困扰。

只有能够真正做到“忧人之忧”的人，才会主动走进他人的内心世界，去体会复杂的情绪，能够感同身受地理解他人的困境和忧愁，并尽自己所能去帮助他们。

当今社会，如果每个人都能践行“病人之病，忧人之忧”，人与人之间的关系将更加紧密与和谐，冷漠将被温暖取代，隔阂将被理解消除。

拓展阅读

范仲淹在《岳阳楼记》中写道：“是进亦忧，退亦忧。然则何时而乐耶？其必曰‘先天下之忧而忧，后天下之乐而乐’乎？”范仲淹出生于奉儒守官之家，自幼勤奋苦学，深受儒家思想的影响，树立了“不为良相则为良医”的远大目标，坚持“进则尽忧国忧民之诚，退则处乐天乐道之分”的人生信念，这成为他“先忧后乐”思想的基础。范仲淹写《岳阳楼记》时，正处于被贬谪的时期，他虽身处逆境，却仍心系国家和百姓，借为岳阳楼作记之机，含蓄委婉地规劝友人滕子京要“不以物喜，不以己悲”，同时也表达了自己“先天下之忧而忧，后天下之乐而乐”的济世情怀和乐观精神。

相知在急难[1]，独好亦何益。

出处

唐·李白《君马黄》

注释

❶ 急难：兄弟相救于危难之中。

译文

真正的相知和友谊，是在急难中相互救助体现出来的，如果只是自己一个人过得好，那又有什么意义呢？

解读 这句格言意在阐明真正的朋友和知己，是在急难时帮助你的人。

“相知在急难”中的“相知”指相互理解、相互信任、互帮互助的朋友。“急难”则指意想不到、突如其来的困境或危急时刻。人在面对突如其来的意外时，最容易惊慌失措、情绪崩溃，不知道该如何应对，最需要他人的扶持和帮助，以求走出“急难”。俗话说“路遥知马力，日久见人心”，“急难”时，原来的朋友不离不弃，仍能提供帮助支持的必定是“相知”了。

“独好亦何益”中的“独好”，指一个人平时看起来很好，但缺乏急难时刻的验证。平时千般好，都不如“急难”时伸出援助之手好。有福同享不见是真爱心，有难同当方显深情厚谊。“益”指朋友相处的价值和意义。朋友的最大价值和意义，不在于平时的吃喝玩乐，在于相互理解和支持帮助，朋友有“急难”时伸出援助之手的朋友，才是最有价值和意义的朋友。因此，选择朋友时，一定要慎重。

“益者三友，损者三友。友直，友谅，友多闻，益矣。友便辟，友善柔，友便佞，损矣。”（《论语·季氏》）孔子告诫我们，要结交正直、诚信和知识广博的朋友，远离那些谄媚逢迎、表面奉承和花言巧语的人。庄子则强调“君子之交淡若水”（《庄子·山木》），提醒人们朋友相处之道不是追求表面的热情，而是建立在相互尊重基础上的真诚与坦率，它不因对方发达而攀附，亦不会因急难而离弃。

这句格言不仅是对古代朋友观的深刻总结，更是当代社会人际交往与建设的宝贵智慧。它提醒人们，在追求个人发展的同时，也要注重友情的深度与质量，尤其是在朋友遭遇困境时伸出援手，共担风雨，友谊之树才能长青。个人如此，推行到整个社会亦是如此，和谐社会的基础在于人与人之间的相互理解、尊重与支持。

拓展阅读

“岂曰无衣？与子同袍。王于兴师，修我戈矛，与子同仇！”出自《诗经·秦风·无衣》。这句话的意思是，怎能说没有衣裳？我愿意和你同披一件战袍。原本描绘的是大敌当前，秦地士兵以大局为重，团结友爱，协同作战，表现出崇高无私的品质和大无畏的英雄气概。在现代，这句话被理解为人们要有共同意识，像同穿一件衣服一样团结互助，同时也象征着深厚友谊和家国情怀。它鼓励人们在面对困难和挑战时要团结一心，在人际交往中要互相帮助，在国家和民族的发展中勇于担当。

好事[1]须相让[2]，恶事莫相推。

出处

唐·王梵志《好事须相让》

注释

❶ 好事：有益处、能带来好处或荣誉之事。

❷ 相让：相互谦让、推让。

译文

有了好事，应当彼此谦让；出了坏事，不要互相推卸责任。

解读 “好事须相让”意味着当我们遇到机会、机遇或好处时，不应急于争夺，而是要心怀谦逊，懂得谦让，将好的机会留给需要帮助的人。这种谦让并非懦弱的表现，更是一种互助精神的体现。它体现了对他人的尊重、关怀与帮助，也展现了自己宽广的胸怀。一个懂得谦让的人，不仅能够赢得他人的尊重与感激，还能在无形中传递善意，有助于形成良好的社会风气。反之，若总是争先恐后地争夺好处，不仅会破坏和谐的人际关系，还可能让人陷入自私自利的陷阱，最终损害自己的形象和信誉。

“恶事莫相推”则告诫人们，在面对困难或责任时不应推诿逃避，将问题推给别人，独自置身事外，而要挺身而出，勇于承担责任，与他人互帮互助、携手共渡难关。真正的强者不是那些从不犯错的人，而是那些敢于承担责任、善于从错误中汲取教训的人。勇敢地面对困难，积极寻找解决办法，不仅能锻炼自己的能力，还能赢得他人的信任和支持。

“临难毋苟免”（《礼记·曲礼上》）与“恶事莫相推”有异曲同工之妙，都表达了在困难与责任面前不应逃避的态度。这些古老的智慧至今仍具有重要的现实意义，提醒人们无论是在个人生活中还是在社会交往中，都应秉持互帮互助与共同担当的精神。

拓展阅读

春秋时期，秦晋联合攻打郑国，郑国大夫烛之武被委以重任，前往秦国劝说撤兵。烛之武凭借对时局的分析和过人的辩才，使郑国免于灭亡。当他凯旋时，面对国君的嘉奖，他并未独揽功劳，而是将成功归于国君的英明决策和众臣的齐心协力。他说，若无大家的帮助，自己绝不可能完成如此艰巨的任务。后来，郑国修建城墙，许多工匠因为天气原因延误了工期。国君本欲责罚他们，但大臣们却主动站出来承担责任，表示愿意与工匠们一起加班加点赶工。最终，城墙按时建成，郑国的军事防御也因此更加稳固。“好事须相让，恶事莫相推”这一智慧不仅影响了当时的郑国人民，也成为后人传颂的经典教诲。

不是雪中须送炭，聊装风景要诗来。

出处

南宋·范成大《大雪送炭与芥隐》

译文

我可不是雪中送炭，不过是为应景写首诗罢了。

解读 这句格言引导人们如何在日常生活中践行关爱与帮助。帮助不仅仅局限于危难之际的物质援助，更可能体现在日常生活中精神层面的支持与陪伴。

这句格言出自南宋“中兴四大诗人”之一范成大的《大雪送炭与芥隐》，是他为好友送炭火后有感而发之作。当时正值南宋淳熙十二年（1185）的大雪节气，60岁的范成大心中挂念着46岁的好友寒士芥隐。因担忧好友家中无炭取暖，难以抵御严寒，他冒着凛冽的风雪给好友送去炭火。为了避免让友人感到难堪，范成大幽默地说：“我可不是特意来雪中送炭，不过是为应景写首诗罢了。”

范成大以“不是雪中须送炭，聊装风景要诗来”来调侃自己的行为，字里行间流露出对友人的深切关怀。在这寒冷的冬日，范成大送炭火，不仅展现了两人之间真挚的情谊，更体现了他对他人疾苦的深切关注和无私地帮助。这一善举不仅温暖了芥隐的心，也衍生出了一个流传至今的成语——“雪中送炭”。

“雪中送炭”，最初指的是在寒冷的下雪天，给人送去木炭，帮助其取暖。更广泛地是象征着在别人处于极度困难或危急时刻，给予其物质上或精神上的援助。

“雪中送炭”这一美好品质，在古代社会和现代社会中都有着无数动人的实例。

苏轼被贬至岭南时，生活困苦不堪，重病缠身，几乎陷入绝境。他的挚友巢谷听闻此事后，不顾自己年迈体弱，毅然决然地徒步前往岭南探望苏轼。对于身处困境中的苏轼来说，巢谷的到来犹如雪中送炭，让他感受到了真挚的友谊与温暖。

齐白石有一段时间生活十分艰难，周恩来总理得知这一情况后，立即指示相关部门为齐白石提供必要的生活援助，确保他能够安心创作。不仅如此，周总理还时常关心齐白石的艺术活动，鼓励他在艺术道路上不断探索和创新。这些关怀不仅解决了齐白石的生活困扰，也极大地鼓舞了他在艺术上的追求，使他在艺术之路上更上一层楼。

这两个故事都深刻体现了人与人之间的真挚情感和无私帮助，无论是在古代还是现代，这样的友情和关怀都显得尤为珍贵。

拓展阅读

范成大，南宋时期文学家、书法家，与杨万里、陆游、尤袤合称南宋“中兴四大诗人”，官至礼部员外郎兼崇政殿说书。范成大虽出身贫寒，但自幼聪慧，12 岁时就遍读经史，14 岁时就创作诗文，28 岁中进士，步入仕途。范成大堪称“道德文章，震撼九牧”，有《石湖居士诗集》《石湖词》《桂海虞衡志》《揽辔录》《骖鸾录》《吴船录》《吴郡志》等著作传世。同时他是一位秉持仁政惠民思想的官员，一生为官始终坚守道义，关心民间疾苦。在地方治理期间采取减轻民众负担的举措，致力于为民造福。其骨子里的凛然之气与浩然之气，堪称儒家德行修养的楷模。

后记

“中华传统美德格言集萃丛书”的编纂出版，得到了山东省委宣传部的大力支持。山东省委常委、宣传部部长白玉刚对本丛书高度重视，提出明确要求；省委宣传部副部长张同海统筹指导丛书编写工作，省委宣传部文化传承发展处进行具体指导并审改了书稿。

曲阜师范大学党委书记邢光，党委常委、副校长李兆祥，党委常委、纪委书记陈丙波进行了具体统筹协调，调配了马克思主义学院、历史文化学院、孔子文化研究院、美术与书法学院等校内各单位的力量，充实到写作团队中。孔子文化研究院王钧林教授和颜炳罡教授、历史文化学院姜开勇书记、马克思主义学院孙迪亮院长和陈庆国书记对丛书编写都给予了有力指导。

丛书编纂团队共八名成员，成积春教授、宋立林教授担任主审，任松峰编著《崇德之道》，王汉苗编著《做事之道》，王德成编著《做人之道》和《待人之道》，蒋开天编著《持家之道》，齐高龙、任松峰编著《爱国之道》，徐佰义编著《和合之道》。编写过程中，团队成员密切配合，通力协作，高质高效完成工作任务，本书得以顺利出版。同时，本书的编写出版还得到了济宁市委宣传部、济宁医学院、有关专家学者、山东文艺出版社董国艳编辑团队的鼎力支持，在此，一并表示感谢。

丛书参阅的中华典籍种类多、范围广，尽管做了充分收集与查阅，但鉴于编者学识能力所限，难免有不足或失当之处。加之中华传统美德博大精深、深邃厚重，编者辑选的格言仅仅是其中很小的一部分，是否精当也尚待检验。敬请批评指正。

编　者

2025 年 3 月